REIKI

-

2. Grad
OKUDEN

Workshopmappe
Carsten Kiehne

Bibliografische Information der Deutschen Nationalbibliothek: Die Deutsche Nationalbibliothek verzeichnet diese Publikation in der Deutschen Nationalbibliografie; detaillierte bibliografische Daten sind über dnb.d-nb.de abrufbar.

Impressum

Texte & Fotos: © Copyright by Carsten Kiehne
Illustrationen: © Copyright by Sabrina Kiehne

Veröffentlichung: Mai 2018, 6. Aufl.
ISBN   978-3-746076768

Herstellung & Verlag: BoD – Books on Demand,Norderstedt

Verlag: Selbstverlag REIKI-IM-HARZ & SAGENHAFTER HARZ

                    Grünstr. 20, 06485 Bad Suderode
                    www.sagenhafter-harz.com & www.reiki-im-harz.de
                    carsten.kiehne@gmx.net

Inhaltsverzeichnis

Einleitung

Der zweite Grad „Okuden" beschäftigt sich, nach „Shoden" (1. Grad, psychosomatischer Bereich) überwiegend mit der psychischen Ebene des Erlebens und des Seins. Um die Türen zur Heilungsarbeit auf der geistigen Ebene zu öffnen und noch intensiver zu beleben, bekommst Du im zweiten Grad drei Schlüssel an die Hand.

Dies sind die Symbole und ihre Mantras, mit denen Du zum einen den Reikifluss gezielt verstärken, Dich dabei vor Fremdeinflüssen schützen und Dich oder dein Umfeld reinigen kannst. Gemeint ist hier das erste Symbol **„Ckoku Rei"**. Des Weiteren erhältst Du Zugriff zum Mentalheilungssymbol **„Sei Heki"**, mit dem Du Deine „Verstandsfestplatte" von überholten Glaubens-sätzen, destruktiven Gedankenmustern und emotionalen Blockaden befreien kannst. Zum dritten bekommst Du die Möglichkeit mit dem Fernheilungs-symbol **„Hon Sha Ze Sho Nen"**, Reiki in die Vergangenheit, die Zukunft oder zu Personen, die sich räumlich weit weg von Dir befinden, zu verschicken. Der „Okuden" Reiki-Grad versetzt Dich so in die Lage, mit Reiki in anderen Dimensionen von Raum & Zeit zu wirken.

Wenn ich diese Sätze lese, wird mir immer wieder die moralische Verantwortung bewusst, die ich mit Aufnahme der erweiterten Möglichkeiten des zweiten Reiki-Grades freiwillig übernommen habe. Zum Beispiel wurde und werde ich mit Fragen konfrontiert, wie: „Darf ich Reiki einem Menschen schicken, wenn er es nicht ahnt/mich nicht gebeten hat?", oder: „Bin ich in der Pflicht zu Handeln, nur weil ich mit Hilfe der Reiki-Kraft handeln kann?"

Bei all diesen Überlegungen, darf natürlich nicht vergessen werden, dass es sich bei Reiki, um ein alternativmedizinisches System handelt, deren Wirkung wissenschaftlich nicht glasklar bewiesen ist. Reiki ist für mich nicht nur eine Meditations- oder Behandlungstechnik, sondern vielmehr eine Lebens-philosophie.

Ich möchte aber deutlich darauf hinweisen, dass Reiki keine notwendige, schulmedizinische Behandlung ersetzt, auch wenn es allemal eine sinnvolle Ergänzung ist und in einigen Krankenhäusern Deutschlands seit langem (z.B. zur Behandlung von chronischen Schmerzpatienten), wie selbstverständlich, auf dem Therapieplan steht.

Mit dem 2. Reiki-Grad trage ich tatsächlich eine wunderbare Macht in meinen Händen, die ich zu meiner Genesung und zum Wohle aller Wesen einsetzen kann. Ich selbst, will dabei jedoch stets bedenken, dass ich „nur" Kanal für den göttlichen Funken, für das Potential der Liebe bin. Ich bitte ... und bin dankbar für alle Segnungen!

„Ohne Bitte keine Heilung, ohne Dank kein Wachstum!" ...

... pflegte mein Freund und Reiki-Lehrer Dierk Trempler, der selbst Reiki von Mary McFadyen erlernen durfte, zu sagen. Und es vergeht kein Tag, an dem ich nicht dankbar für das Wunder von Reiki bin. Schon das, was der Erste Grad in mir und um mich herum bewirkte, brachte mich zum Staunen. Mit „Okuden", wurde mir aber tiefer denn je der mystische Aspekt von Reiki bewusst, den ich nun mit jedem bewussten Atemzug erlebe.
Darum, dass dieses Büchlein bei einigen Übungen nicht allzu sehr in die Tiefe geht und das Wissen aus „Shoden" (1.Grad) forscherweise einfach voraussetzt, bitte ich um Verzeihung – die Komplexität von „Okuden" darzustellen, bräuchte mehr als eine Workshopmappe (wie diese hier), vielleicht ja einen Workshop bei „Reiki im Harz" – ich würde mich freuen, wenn wir uns in diesem Rahmen begegnen und kennenlernen würden.

Herzlichst, Dein Carsten Kiehne

1. 21 Tage Reinigungsphase unter meiner Mitarbeit

➢ Der Einstimmungs-Prozess erfordert Disziplin & meinen Ernst!
➢ Ich bin für mein Leben und die Geschehnisse selbst verantwortlich!
➢ Ich bin mir bewusst, dass mangelnde Mitarbeit ein Zeichen von geringem Wachstumswillen und eine vergebene Chance ist!

1.1. Förderliche Bedingungen des inneren Wachstums

- Ich gebe mir täglich <u>eine Stunde Reiki</u>!
- Ich führe täglich Tagebuch!
- Ich nehme an allen Seminar- & Meditationstagen teil!
- Um 22 Uhr bin ich im Bett und lösche das Licht (ruhe/schlafe) In der Gewissheit: *An mir wird gearbeitet!*
- Ich trinke möglichst viel Wasser! Meine Ernährung ist leicht!
- Ich stärke täglich meine Aura! (hellblaues Licht)
- Ich meide äußere Ablenkungen: Der Prozess geht nach innen!
- Ich treffe in den 21 Tagen keine existenziellen Entscheidungen!

1.2. Vertrag zum Reinigungsritual

Ich, _____, verspreche, mich an die oben genannten Kriterien, zu meinem Wohle und Wachstum zu halten und mir die Chance von _____

_____

_____ zu ermöglichen!

_____   _____   _____
(meine Unterschrift)   (Datum & Ort)   (Unterschrift Zeuge)

Die beiden nächsten Tabellen sind den Materialien meines Reiki-Lehrers & Freundes Dierk Trempler entnommen – für Alles meinen tiefen Dank!!!

Datum	
Wie fühle ich mich im Moment?	
	Was empfand ich während meiner Selbstbehandlung?
Kopfposition	Körperlich:
	Emotional:
	Geistig:
Vorder-position	Körperlich:
	Emotional:
	Geistig:
Rücken-position	Körperlich:
	Emotional:
	Geistig:
Was fiel mir leicht, was schwer?	
Was ist im Tagesverlauf Besonderes passiert?	
Welche inneren und äußeren Widerstände traten auf?	
	< Wann werde ich mir morgen Zeit für mich nehmen?

Entfaltung des Bewusstseins	Bewusstseinszustand (Tier – Mensch – Gott)
1. Chakra: (Alter: 0-7 Jahre) Motiv des Handelns: • Todesangst, Lebensangst • Ja/Nein, Überleben, Sicherheit Maßgebende Orientierung: • Körperempfindungen • Leibliche Bedürfnisse	*Amöbe* *Nahrung – will nur überleben* *Nimmt nur auf* *Teilt nicht*
2. Chakra: (Alter: 7-14 Jahre) Motiv des Handelns: • Genuss (Sex) Maßgebende Orientierung: • Gefühle • Hürden: Angst-Furchtlosigkeit; Ärger-Vergebung; Gewalt-Friedfertigkeit	*Baum (fühlt)* *Sex = du teilst, du gibst deine Energie* *Wirst kreativ*
3. Chakra: (Alter: 14-21 Jahre) Motiv des Handelns: • Macht, Streben, Ego, Ich • Selbstverwirklichung Maßgebende Orientierung: • Gedanken • Hürden (Denken-Zweifel; Zweifel-Glauben; Denken-Zuverlässigkeit; Verantwortung)	*Vögel/Tiere* *Herrschen* *Geld* *Tief drin: fühlt sich sehr unterlegen* *Zerstören, nicht erschaffen*

4. Chakra: (Alter: 21-28 Jahre)
Motiv des Handelns:
   • Bedingungslose Liebe, Fürsorge
   • Respekt und Wissen, Verantwortung
Maßgebende Orientierung:
   • Visionen & Intuition, Empathie
   • Hürden: Einsamkeit-Alleisein; Polarität-Gegensätze vereinen
	Mensch
	Chakra der Liebe
	Brücke zwischen Tieren und dem Göttlichen
	Nur im Herzen ist der Mensch menschlich

5. Chakra: (Alter: 28-35 Jahre) • Wissen, Einsicht, Lehre, Kreativität, Hellhören	*Liebe* *Meditativer Geist/Gebet*
6. Chakra: (Alter: 35-42 Jahre) • Völlige Hingabe, Hellsehen	*Liebe* *Seinszustand, du bist*
7. Chakra: (Alter: 42-49 Jahre) • Einheit mit der Wahrheit, kosmisches Bewusstsein, Erleuchtung, Nirwana	*Liebe* *Zuhause* *angekommen/Allverbundenheit*

1.3. Wenn ich mich beim Reiki-Geben müde fühle

Während der Reiki-Behandlung gebe ich nichts von meiner eigenen Energie ab. Ich bin ausschließlich Kanal für den Reiki-Kraftfluss. Und da Reiki zuerst mich erfüllt, dann den zu Behandelnden, ist mein subjektives Erleben und Wohlbefinden ein gutes Richtmaß dafür, woher die bereitgestellte Energie momentan kommt.

Fühle ich mich während einer Behandlung kraftlos, müde und leer, bin ich evtl. *nicht geerdet* (gedanklich verwurzeln) oder *nicht richtig „angeschlossen"* und kann einfach das Reiki-Gebet wiederholt (WICHTIG: Mit wirklicher Empfindung, also mit dem Herzen!) sprechen.

Manchmal ist es auch meine *Aufmerksamkeit, die abschweift*, wobei die reine Reiki-Energie von Gedanken und Gefühlen abgelenkt wird und so lediglich geschwächt fließt. Hierbei habe ich mit dem zweiten Grad, mehrere Möglichkeiten Kraftverstärkend oder harmonisierend zu arbeiten (vgl. die nächsten Kapitel). Auch die Atemmeditation des ersten Grades „Joshin Kokyuu-Ho" ist ein phantastisches Hilfsmittel, um den Geist zu zentrieren, den Verstand von Gedanken und *Intentionen* (auch gut gemeinte Erwartungshaltungen) leer zu fegen und das Gefühlserleben zu beruhigen. Dann bin ich wieder ein reiner Kanal und Beobachter aller Wahrnehmungsphänomene.

Wenn ich dennoch bei Behandlungen müde werde, liegt es vielleicht auch an *ungünstigen äußeren* (zu spät; zu wenig Sauerstoff im Behandlungsraum; ungünstige Höhe des Behandlungstisches, was zu körperlichen Verspannungen führt etc.) *oder inneren Voraussetzungen* (Schlafdefizit; Suchtmittel; Verspannungen; geistige oder emotionale Unruhe usw.). Müdigkeit kann auch Ausdruck der körperlichen, emotionalen oder psychischen Erschöpfung der zu behandelnden Person sein. Ich sollte also stets ergründen, welche Ursache meiner Müdigkeit zu Grunde liegt.

Wenn scheinbar gar kein Reiki mehr fließt – ich dauerhaft müde werde, gerade wenn es Zeit wäre, mich in die Meditation zu begeben oder mich mit Reiki zu beschenken; ja, wenn ich überhaupt keine Lust mehr habe, mich mit dem ganzen „Esoterik-Gespinne" zu beschäftigen – dann liegt es womöglich daran, dass ich vor einem ganz wesentlichen Wachstumsschritt stehe, den mein Geist unbewusst vermeiden will. Denn, wenn ich mein altes Selbst überwinde, kann mein Ego ja nicht mehr Chef spielen.

Gerade in solchen Phasen, ist es wichtig, wach zu bleiben, das innere Leuchten in mir täglich neu zu entfachen, mir auf die Spuren zu kommen · und meine Verdrängungs-Mechanismen zu durch-schauen. Nur so, werde ich meine Komfortzone überschreiten und mich auf den Weg begeben, zu dem, der ich eigentlich bin!

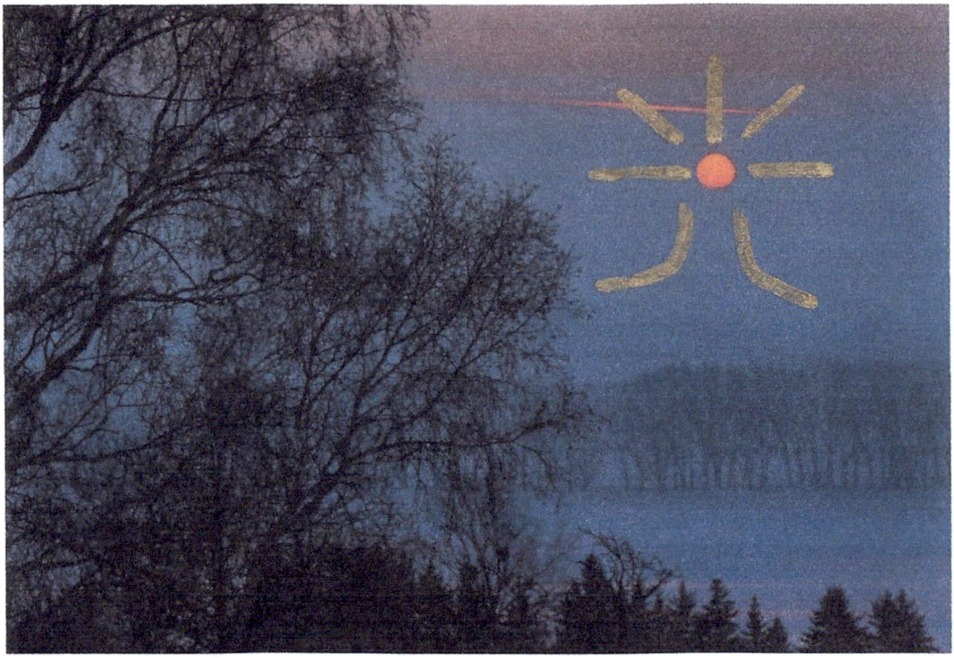

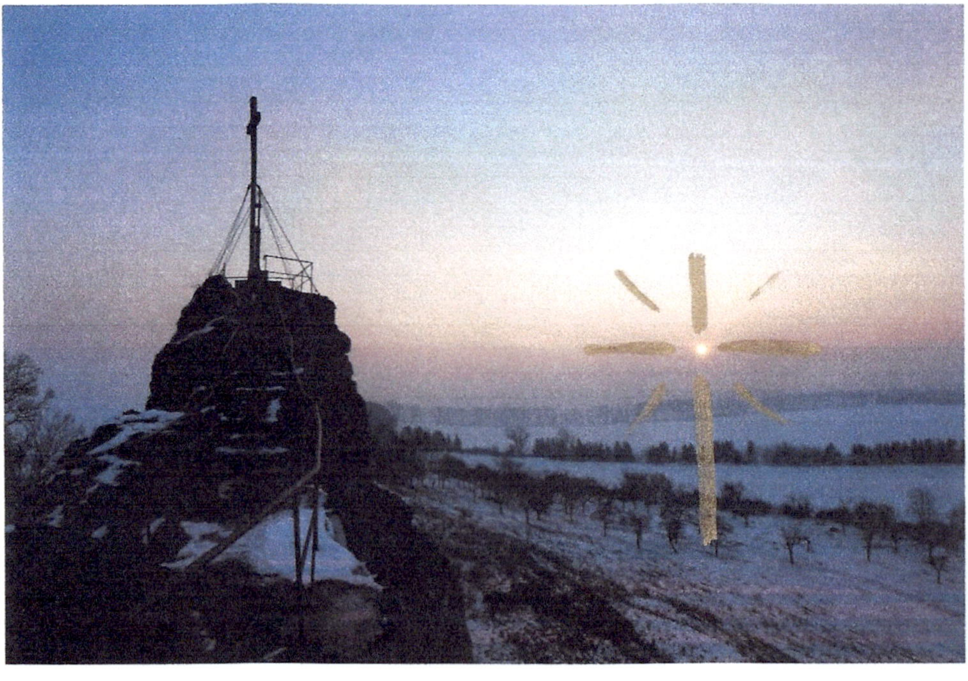

EXKURS: Das innere Leuchten

Das so genannte „innere Leuchten" ist spannenderweise Teil vieler Reiki-Symbole. Im Reiki-Schriftzeichen ist es im „Ki" enthalten. Im „Okuden" ist es versteckt und im Fernheilungs- und Meistersymbol sowieso!

Eine wunderbare, kurze Meditation zum „inneren Leuchten" ist folgende: Stell Dir vor, wie vor Deinem dritten Augen die Sonne am Horizont aufgeht (siehe der Fotos auf der vorangegangenen Seite am Kraftplatz Gegenstein – Teil der Teufelsmauer bei Ballenstedt). Bitte um Reiki und beobachte, wie die Sonne langsam höher steigt, bis diese golden strahlende Kugel direkt über Deinem Scheitel steht.

Jetzt lenke Deine Aufmerksamkeit auf Dein Scheitel-Chakra. Wie die Knospe einer wunderschönen Blume, öffnest Du Dich ganz, diesem goldenen Licht. Mit jedem Atemzug, nährt Dich Reiki mehr und mehr und flutet jeder Deiner Zellen. Spürst Du auch, dass Reiki gerade viel kraftvoller als sonst durch Deinen Körper und Deine Hände fließt?

Dies ist eine wunderbare Übung, die Dir hilft, ein kraftvoller Reiki-Kanal zu sein. Viel Spaß beim Experimentieren. Die Teilsymbole auf den Fotos, versinnbildlichen diese Übung, wobei es nur eine von vielen Deutungsvarianten jener heiligen Symbole ist!

2. Symbole und Mantren

Zur grundsätzlichen **Arbeit mit den Symbolen** sei vorab einiges gesagt:

Wenn ich ein Symbol vor mir oder meinem inneren Auge sehe, dann versuche ich es ganz in mich aufzunehmen. Ich nehme es, atme es in mich hinein, lass es durch Mund, Nase, Ohr und dann tief in mein Herz dringen. Ein Symbol wirkt immer auf ganz unterschiedlichen Ebenen. Immer wieder erinnere ich mich, mich nicht mit der ersten Wirkweise (z.B. der Körperlichen) zufrieden zu geben – ich übe mich, experimentiere und praktiziere es so oft ich kann. Dabei bedenke auch die geistige (bzw. mentale) und vor allem die spirituelle Ebene. Auch im sozialen Kontext können mich Symbole mit den Menschen um mich herum wahrhaft verbinden.
Symbole wirken auch, wenn ich den wahren Bedeutungsgehalt noch nicht erkannt habe. Je mehr ich mit ihnen arbeite, umso mehr erschließen sich mir dessen Kraft und Weisheit.

Wenn Du es einsetzt, dann bedenke einige **wichtige Grundsätze:**

➢ Sei Dir bewusst, dass ein Symbol mitsamt seines zugehörigen Mantras als heilig gilt - benutze es in Demut (Mut zur Hingabe) &
➢ benutze es sparsam (nicht willkürlich) & spüre dann eine Zeit lang mit ganzer Hingabe in dessen Wirkung hinein!

Ein Symbol zeichnen:

➢ Zuallererst visualisiere das Symbol vor Deinem Dritten Auge!
➢ Danach entscheide Dich: Möchtest Du es mit der Hand, mit den Augen, mit dem Dritten Auge, dem Mund oder mit dem Geist wecken?
➢ Wenn Du es mit der Hand zeichnest, dann lasse die Bewegungen vom Hara aus (aus meiner Mitte) kommen. Nicht Du zeichnest das Symbol, es wird mit Dir ins Leben gerufen. Entweder mit dem Handtellerchakra oder mit den Fingerspitzen meist der dominanten Hand!

➤ Jeder Strich entsteht langsam vor Dir, wie von einem Pinsel gezogen mit goldener Farbe (oder wie mit purem Licht)!

➤ Zeichnest Du es mit dem Mund, so male das Symbol während der Einatmung mit der Zunge ans Gaumendach und puste es mit der Ausatmung in den Raum. Dabei denke dreimal das zugehörige Mantra!

Das Mantra sprechen:

➤ Jedes Wort hat einen so genannten Wortgeist (japanisch: „Kotodama")! Das heißt, schon der Klang eines Wortes hat Kraft (manche Menschen nennen es auch „Magie"). „Am Anfang war das Wort", heißt es in der Bibel und auch die Aborigines meinen, die Welt würde durch den Klang ins Leben gesungen werden.

➤ Zudem wurde jedes Wort von uns Menschen aufgeladen, weil sie es in Absicht einer gewissen Wirkung über längere Zeiten benutzten. So gesehen sind die meisten Worte „besetzt" – wir interpretieren sie und verbinden mit ihnen eine bestimmte Erwartung.

➤ Die Reiki-Mantras gelten als geheim. Vor nicht eingeweihten Personen, sprich sie entweder leise oder im Geiste aus.

➤ In der Regel aber sprich sie laut – dies ist eines der „Drei Geheimnisse"! (Art & Weise der Meditation im esoterischen Buddhismus: „Drei Geheimnisse von Körper (Mudra), Rede (z.B. Mantra) und Geist (Gedanke, Visualisierung, Kontemplation)"

➤ Nachdem Du ein Symbol gezeichnet hast, sprich also dessen Namen dreimal laut (z.B. mit jeder Ausatmung aus dem Hara heraus)! Die dreimalige Aussprache aktiviert erst das Symbol mit dessen spezifischer Kraft und schärft Deine konzentrierte Achtsamkeit.

2.1. Das Kraftverstärkungssymbol „Choku Rei"

2.1.1. Zeichnung

Aussprache: „Tschokku Rei"
(wie engl. chocolate)

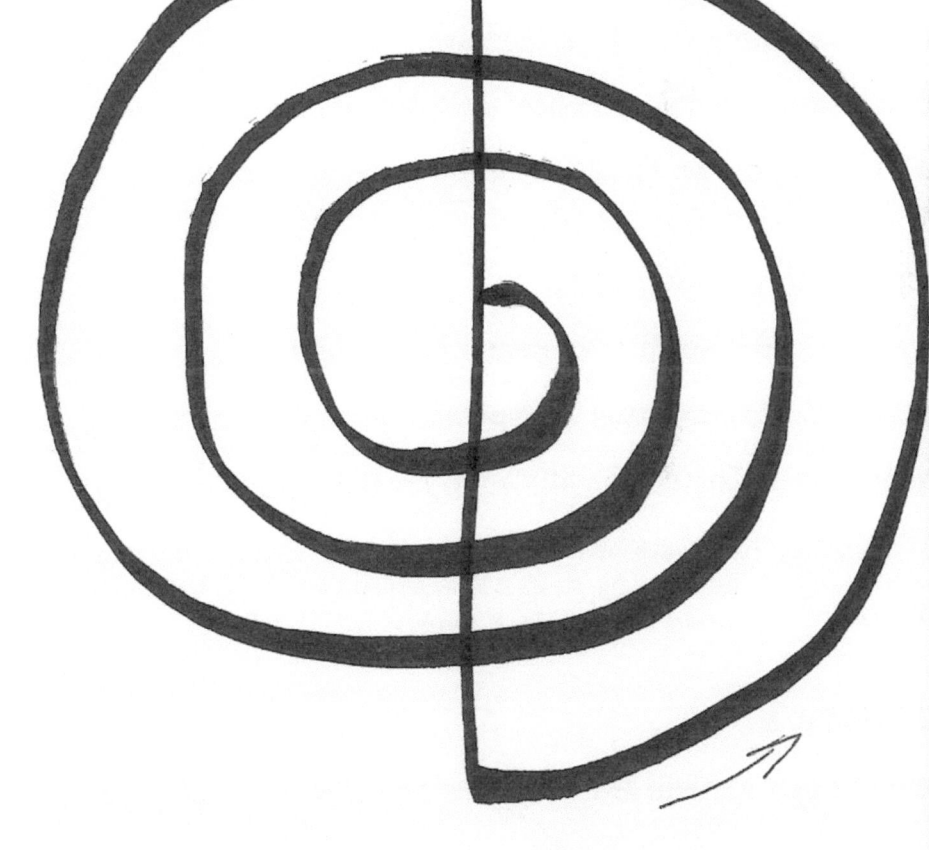

Choku Rei

2.1.2. Bedeutung (vgl. Hosak 2006, S.365 ff.; Piel 2007, S.64 ff.)

„Choku" hat folgende Bedeutungen:

„augenblicklich, heilen, sofort, aufrichtig, direkt, unmittelbar, ungekünstelt, geradeaus"; es taucht im japanischen Wort Intuition auf; das ursprüngliche Symbol zeigt ein Auge im Sinne nur das zu sehen, was wahrhaftig ist

„Rei" bezeichnet vorwiegend die Arbeit eines Schamanen.

Die Grundbedeutung ist „der reine Geist der Schöpferkraft" (oder „spirituell verborgene Kraft", „Geheimer Sinn")!

Das **Symbol** ohne die Spirale hat die Bedeutung eines Schwertes (bzw. einer Sense). Ein Schwert steht im Buddhismus für Einsicht und Urteilskraft, welche die Unwissenheit an der Wurzel abschneidet. Die Spirale zeigt das Umherirren der Menschen auf der Suche nach der Wirklichkeit und die anschließende Rückkehr ins Zentrum des Seins. Die 7 Begegnungen der Spirale auf der Geraden spiegeln die Anzahl der Hauptchakren wieder.

Bedeutungen von **„Choku Rei"**:

- intuitives Bewusstsein
- kaiserlicher Befehl (wobei der Kaiser als Gottheit angesehen wurde, also: „göttlicher Befehl")
- Schöpferkraft, die augenblicklich in Erscheinung tritt (die eingeladen wird im Hier und Jetzt tätig zu sein)

➢ ... und im umgangssprachlichen Sinne, soll unser Wille mit dem göttlichen Willen in Einklang gebracht werden, um die natürliche Ordnung (Heilung) wieder herzustellen!

➢ Das „Choku Rei" dient mir unter anderem zur Kraftverstärkung, oder dafür, all dem einen verstärkten Ausdruck zu geben, was mir bisher nicht ins Bewusstsein trat!

2.1.3. Übungen/Meditationen

Exkurs: Beobachter sein

Bin ich in Meditation, stellen sich vielleicht „merkwürdige" Wahrnehmungen, sogar Schmerzen ein, oder ich spüre Gedanken und Gefühle aufkommen. Geschieht dies, versuche ich diese ausschließlich zu beobachten, nicht zu bewerten. Sobald ich meine Sinneserfahrungen bewerte, bin ich raus aus meiner Meditation, denn dann ist mein Verstand wieder der Maßgebende. Wenn sich bei mir Schmerz oder Frieden einstellen, und ich sage, „Oh, wie schön!" oder „Das möchte ich nicht!", hat mich mein Verstand schon wieder ausgetrickst (und das passiert häufiger)! Besser ist es, die Person zu beobachten die da fühlt und denkt und wahrnimmt. Denn dann erkenne ich nicht nur das Aufkeimen, nein, sondern auch das Verblassen aller Eindrücke und dabei schaue ich immer tiefer in mein Sein. Hier kann ich entdecken, dass es eine bedeutungsvollere Wahrheit, als „gut" und „schlecht" gibt. Ein altes Sufi-Märchen war mir zum Thema „Beobachten" oft Lehrmeister:

Ein alter Mann und sein Sohn bestellten gemeinsam einen kleinen Hof. Sie hatten nur ein Pferd, das den Pflug zog. Dieses Pferd aber war prächtig, und reiche Menschen aus der Stadt hatten schon viel Geld dafür geboten. Der alte Mann lehnte jedes Gebot ab, denn er war mit dem zufrieden, was er besaß. Eines Nachts bei einem Gewitter entlief das Pferd und die Leute des Dorfes kamen und sagten: „Welch ein Unglück, Du hättest das Geld nehmen sollen, wie willst Du nun Dein Feld bestellen?!". „Wer weiß, ob dies ein Glück oder Unglück! war", entgegnete der Alte.
Am nächsten Morgen, welch Überraschung, stand das Pferd wieder auf dem Hof und brachte fünf weitere wilde Pferde mit in seinen Stall. Die Leute des Dorfes kamen wieder und meinten: „Welch eine Freude, wie wunderbar!". Der Alte sprach erneut: „Ob Glück oder Unglück entscheidet nur der Eine. Nur Gott weiß, ob sich eine Sache ins Glück oder Unglück verkehrt. Oftmals begriff ich erst mit viel verstrichener Zeit, wodurch mir Segen erwächst!"

Der Sohn machte sich nun gleich daran die neuen Pferde einzureiten, fiel herunter und brach sich ein Bein. Sofort kamen die Leute des Dorfes. „Wie schrecklich, wer soll Dir nun bei Deiner Arbeit helfen? Welch ein Unglück!".
Nach einer Woche kamen die Soldaten ins Dorf und rekrutierten alle jungen Männer für den Krieg. Nur den Sohn des Alten brauchten sie nicht, darum blieb er als einziger verschont. Die Dorfgemeinde kam zum Hof des Alten. „Welch ein Glück für Dich, woher hast Du das gewusst?". Der Alte lächelte und sprach: „Ob Glück oder Unglück, weiß nur der Eine!".

Versuche Dich bei allen folgenden Übungen und Meditationen daran zu erinnern, dass nur ein urteilsloses Beobachten neue und zugleich umfassendere Wahrnehmungen zulässt. Solange Du Dich in Bewertungen verstrickst, misst, beschränkt und pauschalisiert Dein Verstand das Erlebte.

Und nun zu den Übungen: **Wichtig** ist, dass Du bei der Zeichnung jedes Symbols darauf achtest, dass Du das dazugehörige Mantra drei Mal laut aussprichst oder es innerlich aus tiefstem Herzen in Deinem Körper erklingen lässt! Schon das Symbol hat eine heilende Wirkung – mit den entsprechenden Lauten (seinem Mantra), vergrößerst Du jedoch bei Weitem die gesundheitsförderliche Wirkung! Achte also darauf, dass Du das Symbol stets gemeinsam mit dem Mantra anwendest, auch wenn ich bei folgenden Übungen nur auf das Symbol eingehe!

Viel Spaß beim Experimentieren und, wenn Du magst, schreibe Deine Erfahrungen auf:

- Zeichne ein großes „Choku Rei" in die Mitte des Raumes (säubert den Raum von negativer Energie)

-- _____
_____
_____
_____
_____

- Zeichne ein „Choku Rei" auf Deinen Sitzplatz (säubert die Energie von den Schwingungen deiner „Vorsitzenden")

-- _____
_____
_____
_____
_____

- Zeichne ein „Choku Rei" beim Hineingehen in ein Haus

-- _____
_____
_____
_____

- Schicke beim Meditieren ein „Choku Rei" auf ankommende Gedanken (Befriedung/Säuberung des Geistes)

-

- Zeichne „Choku Rei" auf ein Körperteil (wirkt von außen nach innen)

-

- Ziehe einen Kreis („Circle of Excelence" vom 1.Grad) vor Dir auf den Boden. Zeichne dann das „Choku Rei" hinein. Tritt ein und spüre, was geschieht. Wenn Du magst, kannst du das Mantra oder das Kotodama bei jeder Ausatmung chanten oder intonieren, das wird die Wirkung des CR verstärken und damit Deine Wahrnehmung verbessern.

-

- Zeichne „Choku Rei" mit dem dritten Auge (wirkt innerlich und äußerlich)

- _____

_____

_____

_____

_____

- Zeichne „Choku Rei" vor Dir in die Luft und atme es in tiefen Atemzügen ein (wirkt innerlich)

- _____

_____

_____

_____

_____

- Zeichne „Choku Rei" mit dem Herzen und lass es in einer Spirale in das Herz Deines Gegenübers fließen

- _____

_____

_____

_____

_____

- **Erdung**: Male in Gedanken (vor dem dritten Auge) im Stehen jeweils ein „Choku Rei" an die linke und an die rechte Fußsohle und lasse Energie beim Einatmen durch die Füße in Deinen Körper bis hinauf zum Hara fließen. Gib beim Ausatmen die Energie (auch Stress und Verspannungen) in die Erde ab. Lass es ganz langsam abfließen.

- Variation: Du kannst deine Hände auch direkt auf die Füße legen!

\-_____
_____
_____
_____
_____
_____
_____

Dir ist vielleicht neu, dass Reiki nicht nur durch die Hände fließt?!

Auch durch die Augen und deine Atmung kannst du Reiki gezielt verschicken. Im zweiten Grad kommt hinzu, wie du Reiki mit Gedankenkraft versendest!

2.2. Das Mentalheilungssymbol „Sei Heki"

2.2.1. Zeichnung

Sei Heki

2.2.2. Bedeutung (vgl. Hosak 2006, S.262 ff.; Piel 2007, S.74 ff.)

„Sei" bedeutet: Wesen, Art, Charakter; auch: korrekt, korrigieren, verbessern

„Heki" bedeutet: Gewohnheit, Eigenart, Hang > **Aussprache: „Sssei Heki"**

„Sei Heki" als Ganzes hat also den Sinn, „Gewohnheiten zu korrigieren", „Glaubensirrtümer aufzugeben" (Glaubenssätze) oder „Süchte zu heilen". Zudem werden „Störgefühle", (wie Neid, Zorn, Hass, Eifersucht, Habgier, Illusionen) die dem Glück und der Zufriedenheit im Weg stehen, aufgelöst.
Das „Sei Heki" ist somit ein Symbol das zur Harmonisierung eingesetzt werden kann.

Exkurs: Die Siddham im „Sei Heki"

- Bedeutung: Aussprache auf Sanskrit „hrih", „Gewohnheiten korrigieren"
- zugrunde liegt dem Sei Heki also die indische Siddham-Schrift (als Alphabet) > Entstehung aller Sutras
- Form & Klang der Siddham-Zeichen haben spirituelle & symbolische Sinngehalte mit konkreter Wirkung (bei richtiger Anwendung > wie die Keimsilbe „Om")
- Jedem Lichtwesen ist ein Siddham (eine Farbe, ein Chakra) zugeordnet > in nur einem Symbol, ist das Wissen und die Weisheit des gesamten Kosmos enthalten
- „Werden die Siddham in Ritualen oder Heilungen korrekt benutzt, behalten sie ihre Wirkung, auch wenn der Praktizierende nicht weiß, was sie bedeuten oder falsch darüber informiert ist!" (Hosak 2006, S. 261)
- Die richtige Schreibweise ist allerdings wichtig, da sonst die Wirkung geschwächt wird oder ganz verloren geht (Kukai in ebd., S. 259)
- „Mantra des Lichts" („Komyo shigon") steht in engem Zusammenhang mit den Symbolen SHK & DKM

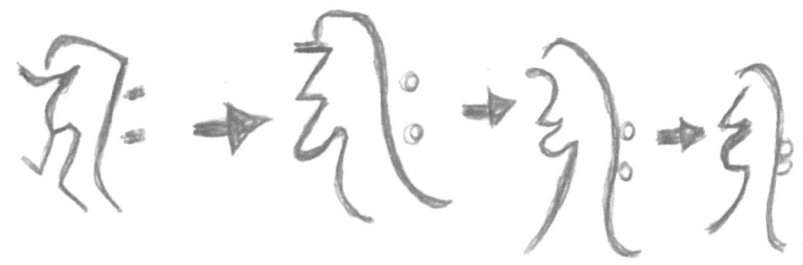

Entwicklung des Siddham „hrih" bis zum Reiki-Symbol „Sei Heki"

Anwendung des SHK

- Mental- oder Geistheilung (durch den Ausdruck der Lichtwesen in den Siddham) zur Neuorientierung

- SHK kann in die Siddham „ha", „ra", „i" & „a" aufgeschlüsselt werden > jedes Siddham hat eine eigene Bedeutung & eine eigene prakt. Funktion

- Zusammen haben sie die Wirkung „Anhaftungen des Geistes durch so genannte Störgefühle wie Neid, Zorn, Eifersucht, Habgier und Illusionen aufzulösen. Auf das SHK bezogen bedeutet dies, dass die dem Glück, der Gesundheit & der Zufriedenheit hinderlichen Gewohnheiten geheilt werden."

1. Siddham „*ha*"

➢ Bedeutet „Ursache" (unabhängig von Ursache & Wirkung > gemeint ist eine unbedingte, dem göttlichen, freien Willen entspringende Ursache; sie untersteht nicht dem Karma)

➢ Entspricht dem Element „Luft"

➢ Mögliche Meditationserkenntnis: Alle Phänomene der materiellen Welt beruhen auf Ursache & Wirkung; die letzte Ursache der wahrnehmbaren Dinge ist nicht zu ergründen (diese endlose Kette endet im Quell der Schöpferkraft)

➢ Erst der Gebrauch des „Freien Willens" verbindet den Menschen mit dem unendlichen, göttlichen Kraftfluss (Störgefühle müssen zuvor aufgelöst werden, um das wahre Selbst zu befreien)

➢ Der Mensch muss sich demnach erheben über die engen Grenzen kultureller Nomen und Werte, um dem göttlichen Gesetz des Lebens folgen zu können

-_____

_____

_____

_____

_____

_____

_____

2. Siddham „ra"

➢ Reinheit & Unberührbarkeit durch Schmutz und Staub

➢ „Großes himmlisches Feuer aus dem alles entsteht" (im esoterischer Buddhismus)

➢ Drei Formen: **Feuer des Zornes** (aggressive Energie des 1. Chakra), **des Willens** (hauptsächlich 3. Chakra; abhängig vom Lebensthema; WICHTIG: Selbstverantwortliche Entscheidungen welche die Durch-haltekraft sicherstellen, damit sich die neue Qualität auch manifestieren kann), **der Reinigung** (5. Chakra; alle Energien die für das Wohlbefinden hinderlich sind werden verbrannt & verwandelt > innere Alchemie) > für Heilung des Geistes sind alle drei gleichermaßen wichtig

-
_____
_____
_____
_____
_____
_____

3. Siddham „*i*"

- ➢ Drei Kreise > die Trinität in Dreiecksform ist am stärksten > daher hier untrennbar); Bedeutung der Silbe: „Untrennbarkeit"
- ➢ Meint im Buddhismus die drei Tugenden: *hosshin, hannya, gedatsu.* Nirvana-Sutra: In ihm ist die ewige Gegenwart Buddhas sowie die ewige, reine „Buddha-Natur" erklärt, die allen Lebewesen zugrunde liegt. Dies zu erkennen, führt zur Befreiung von allem Leiden und zum endgültigen Eingehen in den freudvollen Zustand des Nirvana. Das Erkennen der Buddha-Natur wird durch die Störgefühle (wie Verlangen, Hass, Stolz, Verblendung) verhindert.

- ▪ *hosshin: Einsicht in das Wahre Selbst, in die unendliche Fülle & Weite der Lehre von Dainichi Nyorai (entspricht der Schöpferkraft)*
- ▪ *hannya: Kennzeichnet die Qualitäten der Großen Göttin (spirituelle Mutter & Lehrerin aller Buddhas)*
- ▪ *gedatsu: Befreiung von den Illusionen durch Meditation; Aspekt des Großen Gottes*

Durch die Meditation (männliche Qualität) werden die Dinge bewusst und können erst mit Liebe (weibliche Qualität) eigenverantwortlich bearbeitet und integriert werden!!!

- ➢ Die Kreise stehen damit also für die Große Göttin, den Großen Gott und die Schöpferkraft in ihrem Zustand der Einheit

\- _____

_____

_____

_____

_____

4. Siddham „a"

- Im „ha" ist auch das „a" enthalten; „a" ist die Mutter aller Laute
- Bedeutungen: Ungeborensein, Leer-/Unbegrenztheit, Vorhandensein
- Mögliche Meditationserkenntnisse: Die Nicht-Existenz alles gesetzmäßig Bedingten & die Nicht-Zweiheit (die Verbundenheit alles Seienden)
- Die Silbe „a" ist die Wurzel & Kraftquelle eines jeden Mantras, wie dem „Gayatri-Mantra" > quasi die Verbindung zur Schöpferkraft
- Mantra „a" ist dem Herzchakra als Fokussierungspunkt aller Yin-Chakren (2., 4. & 6. Chakra) zugeordnet

-_____

_____

_____

_____

_____

_____

_____

2.2.3. Übungen/Meditationen

- **Schmerztablette** (alle Arten von psychischem Schmerz): Sprich das Reiki Gebet, zeichne dann das „Sei Heki" und anschließend das „Choku Rei" auf Deine Brust, lege die Hände übereinander auf Dein Herzchakra und spüre nach.

- _____

  _____

  _____

  _____

  _____

- **Mentalbehandlung „Seiheki Chiryo"** (Löschung negativer Konditionierungen): Lege die dominante Hand (Rechtshänder > rechte Hand) auf den Hinterkopf an den Punkt, wo die Wirbelsäule in den Schädel mündet und die linke Hand auf die Stirn. Zeichne „Sei Heki" und „Choku Rei" mit der dominanten Hand und schicke Licht durch die Hände! Nimm nach ca. 5 Minuten die Hand von der Stirn, lass' die dominante Hand solange Du es für richtig empfindest auf Deinem Hinterkopf liegen und befreie Dich vom Denken – lass Reiki fließen. Bedanke Dich zum Schluss!

- _____

  _____

  _____

  _____

  _____

- **Emotionalbehandlung** (Auflösung des psychologischen Gedächtnisses): Beginne die Übung, wie oben angeführt, doch stelle Dir vorerst kein Licht, sondern eine ehemals belastende Situation so real wie möglich vor. Mit der Zeit (Minuten bis Stunden) wirst Du feststellen, dass ausschließlich die Fakten Deiner Lebensgeschichte bestehen bleiben, die emotionalen Belastungen sich hingegen ablösen/verblassen!

-
_____

_____

_____

_____

_____

- **Verstärkung eines Wesenszuges** (Verfestigung einer Eigenschaft, die Du als wichtig erachtest): Suche Dir eine *positiv formulierte* Affirmation aus und lade sie mit den oben beschriebenen Handpositionen auf Deine „Festplatte". Mögliche Affirmationen können sein: „Ich liebe mich, wie ich bin.", „Ich bin voller Liebe!", „Ich bin es wert, geliebt zu werden!, „Ich bin im Hier und Jetzt!" etc.).

➢ **WICHTIG: Affirmationen wirken nur dann, wenn Du Kontakt zwischen Denken und Fühlen herstellen kannst!** Die Affirmation muss also für Dich passend sein, sich authentisch anfühlen!

➢ **Variation:** Die Wirksamkeit der Affirmation kannst Du erhöhen, indem Dich ein **Reiki-Partner** unterstützt. Der Partner hat seine Hände an Deinem Kopf und Deine Hände liegen, wie in der Position „Schmerztablette" auf Deiner Brust. Ihr beide denkt, fühlt und visualisiert dann Deine Affirmation.

- _____

_____

_____

_____

_____

_____

- **Zentrierung** (wenn Du zur Ruhe kommen und achtsamer sein möchtest): Zeichne „Sei Heki" und „Choku Rei" auf Dein Hara und lege die Hände auf den Unterbauch. Sprich die Affirmation: „Ich bin zentriert!"

- _____

_____

_____

_____

_____

_____

2.3. Das Fernheilungssymbol „Hon Sha Ze Sho Nen"

2.3.1. Bedeutung (vgl. Hosak 2006, S. 289 ff.; Piel 2007, S.)

„Hon" bedeutet: Buch, Basis, Wurzel des Baumes, Ursprung, Quelle, wahr

„Sha" bedeutet: Person, Mensch > die göttliche Sonne ist in der materiellen Erscheinung (Erde) einer Person verborgen; „Hon Sha" = „Ursprung des Menschen"

„Ze" bedeutet: richtig, sein, Grundgesetz, Prinzip

„Sho" bedeutet: richtig, verbessern, korrigieren

„Nen" bedeutet: Sinn, Bedeutung, Gefühl, Wunsch, Bewusstseinsmoment, auf den Augenblick gerichteter Geist („Sho Nen" bedeutet auch „Buddha-Bewusstsein)

„Hon Sha Ze Sho Nen" könnte im Ganzen folgende Aussage beinhalten: „Richten wir unseren Geist auf den jetzigen Augenblick (Nen), korrigiert (Sho) sich unsere innere Haltung. Wir werden uns dann des Grundprinzips (Ze) bewusst, dass unsere Person (Sha) Eins ist mit dem Ursprung (Hon)." (Piel 2007, S.61) oder:

- „Der wahre (spirituelle) Mensch ist vom Buddha-Bewusstsein nicht entfernt!" bzw. „Der Ursprung des Menschen ist vom Buddha-Bewusstsein nicht weit entfernt!" (Hosak 2006, S.292)
- Aufforderung von Usui Sensei an die Reiki-Schüler, dass wir uns bewusst werden sollten, dass Erleuchtung jederzeit möglich ist und direkt vor unseren Füßen liegt!

WICHTIG: Wie Du das HSZSN als Meditation auf Deinem Erleuchtungsweg benutzen kannst, ist Teil der Reiki-Meister-Ausbildung!

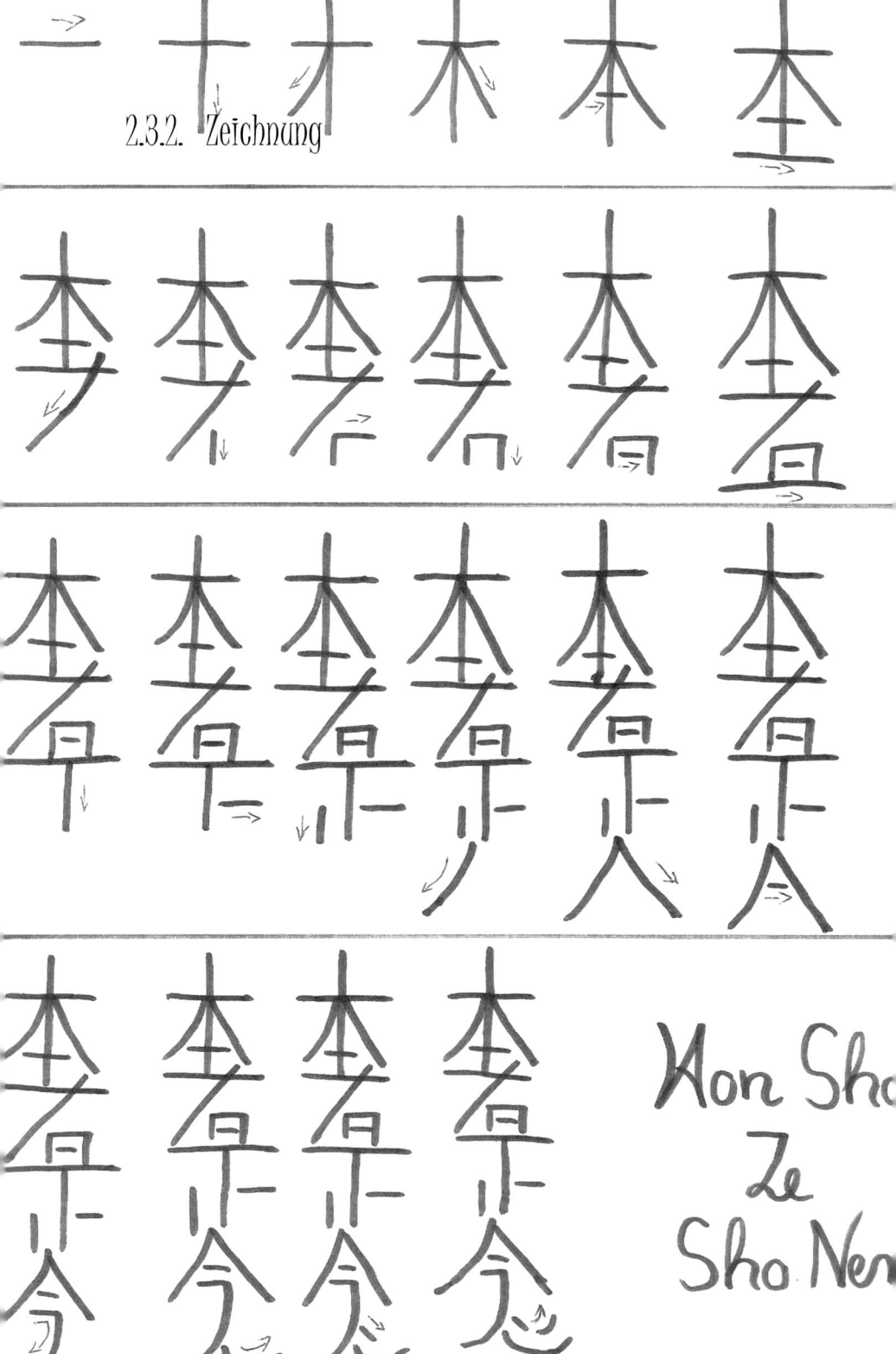

2.3.2. Zeichnung

Hon Sho
Ze
Sho Nen

2.3.3. Übungen/Meditationen

- **Fernbehandlung des inneren Kindes:**
  - ➤ Stimme Dich auf Reiki ein und sprich Dein Reiki-Gebet!
  - ➤ Zeichne „Sei Heki" und „Choku Rei" (Schmerztablette) auf die Brust und lasse die nicht dominante Hand auf der Brust liegen.
  - ➤ Mit der rechten Hand zeichnest Du dann das „Hon Sha Ze Sho Nen" vor Dir in die Luft; sprich 3x das Mantra
  - ➤ **Punkt 4:** Bitte 3x um Reiki-Energie für Dein inneres Kind!
  - ➤ Zeichne „Sei Heki" und „Choku Rei" in die Luft
  - ➤ Bitte noch einmal um Reiki-Energie für Dein inneres Kind und lege die dominante Hand über die nichtdominante auf die Brust
  - ➤ Bleibe mit Deiner Aufmerksamkeit im Herzchakra!
  - ➤ **Punkt 8:** Zum Abschluss der Meditation, kannst Du Dich bedanken: „Danke mein inneres Kind! Ich verspreche, Dir jetzt regelmäßig Aufmerksamkeit zu schenken!" (z. B. jeden Tag 15 Minuten lang)

-
_____

_____

_____

_____

_____

_____

_____

Punkt 4 kann nach Belieben variiert werden:

- ➤ „Ich bitte darum, dass mein inneres Kind von Reiki umschlossen wird!"
- ➤ „Bitte zeige Dich mein inneres Kind!"
- ➤ „Ich bitte um eine Botschaft für mich!"
- ➤ „Es tut mir leid, dass ich Dich so lange vernachlässigt habe!"

- **Fernbehandlung mit anderen Themen** (siehe oben; Veränderung des 4.en Punktes, weglassen des 8.en Punktes):

➤ „Ich bitte um Kontakt mit meiner Seele (meinem höheren Selbst)!"

-
_____

_____

_____

_____

_____

➤ „Ich bitte um Kontakt mit meinem Schutztier/Geist/Engel!"

-
_____

_____

_____

_____

_____

➤ Zur Übermittlung einer Nachricht: Visualisiere die Person, Dein Kehlkopfchakra und schicke dann Deine Botschaft!

-
_____

_____

_____

_____

_____

➢ „Ich bitte um Reiki für den ganzen Tag!" (Datum angeben)

-_____

_____

_____

_____

_____

➢ „Ich bitte um Reiki für eine bestimmte Zeit/bestimmten Ort"

-_____

_____

_____

_____

_____

➢ „Ich bitte um Installation einer Reiki-Dusche/Wolke in ...!" (Zeichne nach Punkt 4 mehrere „Choku Rei" in die Luft!")

-_____

_____

_____

_____

_____

- **Fernbehandlung einer anderen Person:**

Vergewissere Dich vor der Behandlung, dass Fernreiki gewünscht ist und lasse die Person wissen, wann Du sie behandelst, so dass diese sich mental vorbereiten und physisch entspannen kann (hinlegen & ruhen).

➢ Stimme Dich auf Reiki ein (Gassho, Kenyoku, Reiki-Gebet)
➢ Zeichne „Sei Heki" und „Choku Rei" mit Deiner dominanten in Deine nicht dominante Hand (oder auf die Brust) und lege anschließend beide kurz zu einem Gassho zusammen.
➢ Zeichne vor Dir das „Hon Sha Ze Sho Nen"
➢ **Punkt 4:** Sprich 3x den Namen der zu behandelnden Person und bitte Reiki heilend zu wirken und dorthin zu fließen, wo der Mensch sich derzeit befindet.
➢ Harmonisiere das Ganze mit dem Zeichnen des „Sei Heki", versiegele und verstärke es mit dem Symbol „Choku Rei"
➢ Sprich noch 1x Deine Bitte um Genesung für die zu behandelnde Person aus
➢ Visualisiere bei der Behandlung die entsprechende Person

-_____
_____
_____
_____
_____
_____
_____
_____
_____

Fällt Dir das Visualisieren der Person eher schwer und bist Du oft abgelenkt, so ist es empfehlenswert ein Foto der Person (oder ein vorher getragenes Bekleidungsstück, eine Haarsträhne etc.), während der Behandlung in der Hand zu halten oder auf Dein Bein zu legen und Reiki darauf zu schicken. Schreibe auf das Foto Namen, Geburtstag und Aufenthaltsort der zu behandelnden Person auf die Rückseite.

Ebenso kannst Du einen Reikikraftball erzeugen (vgl. Kapitel 4) und Dir die Person mit dem „Hon Sha Ze Sho Nen" zwischen Deinen Händen sitzend oder liegend vorstellen.
Eine weitere Möglichkeit ist, eine imaginäre Person auf Deiner Behandlungsliege mit Reiki zu versorgen. Stell Dir die Person vor Dir liegend vor und gehe nacheinander die verschiedenen Handpositionen durch.
Gleicherweise kannst Du Dir den Menschen im „Kleinformat" auf Deinem Oberschenkel liegend ausmalen und die Behandlung sitzend durchführen indem Du die Positionen auf Deinem Bein nachstellst.

Du siehst, mit Reiki 2 ist die Variation der Techniken nur von Deiner eigenen Kreativität begrenzt. Es gibt aberhunderte „richtige" Vorgehensweisen, experimentiere mit ihnen und entscheide Dich für diejenige, die Dir am stimmigsten erscheint, die in Dir die meiste Konzentration hervorruft.

WICHTIG:

Rufe die aus der Ferne mit Reiki behandelte Person spätestens am folgenden Tag der Behandlung an und erkundige Dich nach ihrem Befinden!

EXKURS: Meine spannendsten Fernreiki-Erlebnisse

1. Begegnung mit dem Tod:

Es war der letzte Tag unseres Reiki-Wochenendes, als meine Frau in den Raum kam, sehr blass aussah und kaum Worte fand: „Großvater rief gerade an und sagte, die Großmutter liege im Sterben. Seit drei Tagen wäre sie schon nicht mehr aus dem Bett gekommen. Er weinte und fragte, ob wir ihr Reiki schicken können!"

„Habt ihr was dagegen", fragte ich die Gruppe, „wenn wir statt dem geplanten Reiki-Austausch meiner Großmutter eine Runde Fernreiki schicken?" Sofort waren alle dabei, die Massage-Liege wurde aufgebaut und wir verbanden uns mittels der Reiki-Symbole mit Großmutter, taten so, als würde sie vor uns auf der Bank liegen und tatsächlich fühlte es sich auch so an. Zu Sechst standen wir um die Liege herum und behandelten, Füße, Oberkörper und den Kopf als etwas Seltsames geschah:

Der Teilnehmer an den Füßen schwankte, drohte umzufallen und setzte sich lieber zu Boden. Dem Reiki-Gebenden am Bauch wurde speiübel, konnte sich aber zurücknehmen. Dem am Kopf Behandelnden wurde plötzlich wirr, schüttelte seinen Kopf, verließ abrupt den Raum, kam wieder rein, wollte die Behandlung fortsetzen, schüttelte sich aber wieder und ging hinaus. „Was ist denn hier los?", fragte ich mich, ließ aber weiter Reiki fließen und bemerkte dabei eine ungewöhnliche Schwere. Ja, auch Kälte zog durch meine Finger die Arme bis zu meinen Schultern hoch, fast so, als würden sie abfrieren wollen.

Endlich aber schien Reiki warm und weich zu fließen und fünf Personen schenkten meiner Großmutter Liebe. Wie wir nach etwa einer halben Stunde über das Erlebte sprachen, hatte jeder von uns das Gefühl, dass der Tod ganz nah am Bett meiner Oma stand, bevor er dann fortgezogen wäre, worauf alle fühlten, das eine wundersame Leichtigkeit ihren Körper flutete.

Kurz darauf rief mein Großvater an und sagte die Worte, die mir noch heute Tränen in die Augen schießen lassen: „Carsten, das ist unglaublich. Großmutter, die drei Tage nicht mehr aus dem Bett kam, hat vor fünf Minuten die Bettdecke aufgeschlagen und sich aufgesetzt, ist in ihre Schlappen gestiegen und spielt nun lächelnd Klavier!"

Das war vor fünf Jahren. Gestern feierte Großmutter, die sich vor einigen Jahren selbst in den 1.Reiki-Grad hat einweihen lassen, ihren 88.sten Geburtstag!

2. Wie ich der Ohnmacht und meinen Zweifeln entkam

Fast ohnmächtig fühle ich mich, als mir mein „Bezugskind" sagt, weshalb es mürrisch am Frühstückstisch sitzt und mir nicht in die Augen sehen kann. Treffen sich unsere Blicke für den Hauch einer Sekunde, dann schießen dem Jungen Tränen in die Augen.

Mein „Bezugskind", stammt aus Syrien und ist ohne seinen Vater vor wenigen Monaten nach Deutschland gekommen. „Was denn los sei?", möchte ich wissen, doch die Antwort zieht mir fast die Füße vom Boden: „Mein Vater …, er lebt in Aleppo, gestern Nacht explodierten wieder Bomben, Giftgas …, und unser Haus, ich habe unser Haus im Fernsehen gesehen … ganz kaputt. Mein Papa …, seit acht Tagen habe ich nichts von ihm gehört … ich habe solche Angst!", gesteht der ansonsten so taffe Junge und bricht vor mir zusammen. „Mein Papa!" – Der Papa ist sein einziges noch lebendes Familienmitglied!

Was kann ich tun, fragte ich mich und fühlte mich so hilflos wie selten zuvor. Was nutzen hier gute Worte? Was soll hier aufmuntern? Da, eine Idee! Nein, vielmehr ist es ein tiefes Gefühl, einen guten Weg gefunden zu haben. Doch gleich darauf kommen die Zweifel.

Ohne Frage, Fernreiki kann helfen. Doch, was wenn ich im Fernreiki spüre, dass der Vater schwer verletzt ist und Hilfe braucht? Was wäre, wenn ich keinen Byosen spüre, weil der Vater des Jungen längst tot ist? Ob Fernreiki überhaupt funktioniert? Und verstoße ich damit nicht gegen den Glauben des Jungen? Tausend Fragen. Nur mein Herz sagt eisern und zugleich wunderbar sanft: „Ganz gleich, … probier's!"

Ob wir was ausprobieren wollen, fragte ich den Jungen und er ließ sich drauf ein. „Du weißt, Gedanken sind Kräfte! Wenn ich gut über Dich denke, dann spürst Du das, richtig? Jetzt denke mal ganz fest an Deinen Papa in Aleppo. Stell Dir vor, Du würdest ihn in Deine Arme schließen, ihm sagen, wie sehr Du ihn liebst. Träum Dich zu ihm …, kannst Du das machen?"

Sofort flossen seine Tränen, schwer wiegte sein Körper hin und her und zuckte im Schmerz.

Und ich, ich bitte um Fernreiki, während meine Hände mal auf seinem Herzen liegen, mal zum Hinterkopf wandern und ihn manchmal nur umarmen. Ich bitte um's Verbundensein von Vater und Sohn, worauf wir beide weinen.

Nach fünf Minuten versiegt die letzte Träne. Nur ein Wort kommt aus seinem Mund: „Danke!" Nach wenigen Minuten geht er doch zur Schule.

Nach etwa einer Stunde klingelt mein Handy. Eine SMS von meinem Bezugskind: „Carsten, mein Papa hat mir geschrieben – es geht ihm gut, er war rechtzeitig draußen. Er lebt – danke!"

Noch immer schießen mir die Tränen in die Augen, wenn ich daran denke. Habe ich wirklich an Reiki gezweifelt? Es ist und bleibt ein Wunder – Gassho!

3. Die Idee mit Reiki Gutes zu tun

„Diese Person!", dachte ich genervt, wenn ich nur an sie dachte. Stets machte sie die Welt um sich herum verrückt, fand alles „furchtbar", versprühte auch unbewusst Boshaftigkeiten und da „diese Person" eben auch die Rolle eines Chefs innehatte, äußerten viele Angestellte regelrecht Angst vor ihr, verfielen in ihrer Nähe in sorgenvolles Schweigen, bekamen Magengeschwüre und nicht selten auch depressive Schübe.

Als ich mich irgendwann wieder maßlos über diese Person ärgerte, bemerkte ich meinen Groll und musste plötzlich lachen: Da habe ich eine wirksame „Waffe" gegen Trübsinn und „schlechte Energien" und nutze sie doch nicht: „Fernreiki"!
Ich beschloss, in den kommenden vier Tagen, der Person jeweils 15 Minuten meiner kostbaren Zeit zu widmen, ihr Fernreiki zu schicken und in Liebe an sie zu denken. Ein guter Plan, der sich auch tatsächlich rasch bemerkbar machte. Denn schon nach der zweiten Portion Energie, war „das Schreckgespenst" merklich entspannter geworden. Auf den Fluren hörte ich Gemunkel, dass es sogar gelächelt hätte! „Was ist hier denn los?", fragte man. „Fernreiki ist hier los!", dachte ich und grinste vergnügt in mich hinein und ja, stolz war ich auch und voller Freude, dass es funktionierte.

Weitere zwei Tage schickte ich Fernreiki und war dann der Meinung, dass es nun genügen würde, denn auf der Arbeitsstelle hatte sich einiges verändert: Die Stimmung bei Besprechungen war merklich gelassener, die Person selbst, wirkte sehr ausgeglichen, was sich auf das ganze Team übertrug. Mit mir selbst zufrieden, lehnte ich mich zurück und konnte kaum glauben, was die folgenden Tage geschah.
Nach der absoluten Euphorie kam nämlich die Talsohle. Der Chef brach, wenige Tage nachdem ich Fernreiki eingestellt hatte, komplett in sich zusammen, was sich darin äußerte, dass regelrechte Tobsuchtsanfälle an der Tagesordnung waren. Niemand wagte sich mehr in sein Büro. Was war passiert?

Aus heutiger Sicht kann ich es mir nur so erklären: Die Person hatte, beginnend mit der ersten Portion Fernreiki, aus irgendeinem, für sie selbst unersichtlichen Grund neuen Mut gefasst, gute Laune und Kraft, was einen fast vergessenen Tatendrang in ihr auslöste. Woher diese neuen Impulse kamen, konnte sie ja nicht wissen. Und als die Energie plötzlich wegfiel – ich schickte ja kein Fernreiki mehr – fiel sie ins Bodenlose. Selbstredend, muss es zutiefst verunsichern, wenn man an dem einen Tag voller Lebenskraft ganze Bäume ausreißen könnte und am nächsten, kaum mehr Lust zum Atmen hat. Alle Selbstbestimmung und alles Vertrauen in die inneren Prozesse müssen hier bezweifelt werden.

Zudem bewirkt Reiki ja viel mehr, als bloßes physisches und psychisches Wohlergehen: Die dem Reiki innewohnende Weisheit, lehrt uns, uns selbst zu erfahren. Sie löst Blockaden und lässt verdrängte Inhalte wieder ins Bewusstsein steigen, so dass wir an uns arbeiten und uns ausheilen können. Wer auf das Aufsteigen alter Traumata aber nicht gefasst ist, fühlt sich dem Ansturm an Emotionen vielleicht nicht gewachsen und hilflos ausgeliefert.

Mit der Idee, Gutes zu tun indem ich Fernreiki schickte, gelang es mir also mit Bravour, die Gesamtsituation für die Mitarbeiter, mich und den Chef noch herausfordernder zu gestalten. Ob das ein Glück ist oder ein Unglück, erfahren wir meist erst viel später. Mich hat es in jedem Fall gelehrt, eine Person um Erlaubnis zu bitten, bevor ich Energiearbeit an ihr leiste!

Fernbehandlung einer Gruppe:

- Schreibe alle Namen der Gruppe (natürlich auch Deinen eigenen) auf ein Blatt Papier. Das Papier selbst, behandle bitte als wichtiges/bedeutsames Dokument und verziere es (mit Symbolen oder Bildern), wie Du magst!

- Sprich dann Dein Reiki-Gebet und versorge Dich für einige Atemzüge selbst mit Energie (vielleicht magst Du dazu ja die Lichtatmung *„Joshin Kokyu Ho"* benutzen?!)

- Wenn Du ausreichend mit Reiki aufgeladen bist, zeichne vor Deinen Körper groß das HSZSN und sprich dessen Mantra dreimal laut aus. Dann nimm den Zettel in der Gassho-Haltung zwischen Deine Hände und lass Reiki hineinfließen.

- Sprich jetzt jeden Vor- und Zunamen 3x aus und stelle Dir kurz das Gesicht der Person vor. Bitte um Reiki für alle Personen die Du auf dem Zettel stehen hast und bitte zum Beispiel um Heilung auf allen Ebenen.

- Dann puste das SH und das CR mit der Ausatmung zwischen die Hände und lass Reiki in den Zettel mit allen Namen fließen, solange Du möchtest.

- Zum Abschluss, lege das Blatt beiseite und gib Dir selbst noch für einige Momente Reiki auf Dein Herz oder andere Bereiche Deines Körpers, denen es guttut – beschenke Dich also selbst mit Reiki. Gassho!

- Streiche Dich gut ab und übergib den Rest der Energie dem Raum.

—————————————————————————

—————————————————————————

—————————————————————————

—————————————————————————

—————————————————————————

—————————————————————————

Variation:

Ein Fernreiki-Netzwerk ist oft eine sehr variable Gruppe. Wenn Du also viele Menschen gleichzeitig mit Reiki beschenken möchtest, wöchentlich aber immer einige dazukommen oder abspringen, dann empfiehlt es sich mit einer anderen Technik als mit dem oben empfohlenen Zettel zu arbeiten. Ansonsten schreibst und malst Du jede Woche einen Neuen. Für die Fauleren unter uns (;-)), möchte ich hier die Idee des Briefumschlags anbringen:

Schreibe für jede Person einen Zettel (Anhang A: Vorderseite HSZSN; Rückseite: Name, Wohnort, Geburtsdatum), lege sie in den Umschlag und halte ihn während der Reiki-Praxis zwischen deinen Händen in Gassho. Perfekt!

-

Bitte Reiki fließe ...

2.3.4. Ethische Grundsätze der Fernbehandlung anderer Personen

Bitte lies Dir die Grundsätze durch, bilde Dir eine Meinung, schreibe sie nieder:

- Ich aktiviere die Fernbehandlung nur, wenn ich vorher die Bitte oder Erlaubnis der zu behandelnden Person bekommen habe.

-_____
_____
_____
_____
_____

- Ist es der Person nicht möglich mit mir Kontakt aufzunehmen (z. B. Person liegt im Krankenhaus im Koma), spreche ich folgenden Nachsatz: „Bitte Reiki, fließe im Sinne des Höheren Selbst/der Seele von ...! Lass' sie entscheiden, wo und wieviel von Deiner Kraft/Liebe benötigt wird!"

-_____
_____
_____
_____
_____

- Ich gebe in einer Fernbehandlung keine Diagnose und bin mir bewusst, dass Reiki dort ansetzt, wo es benötigt wird! Mit meiner mitgesandten Intention (die Idee, was für den Klienten „gut" sein könnte & meine Erwartungshaltung), ist Reiki nicht vollkommen rein!!!

- _____
_____
_____
_____
_____

- Wenn ich Reiki mit Intention verschicke, bin ich mir darüber bewusst, dass ich mir ein Bild davon mache, welches die wirkliche Ursache der Krankheit ist bzw., dass ich weiß, was das Beste für die Person ist!

- _____
_____
_____
_____
_____

B. Gedichte des Meiji-Kaisers

Übung: Probiere es, jeweils ein Waka-Gedicht in eine Mentalbehandlung „**Seiheki Chiryo**" einzubauen und dessen Wirkung quasi als Affirmation nachzuspüren!

Die wertvollste Stärke auf dieser Welt
ist enge Freundschaft mit der wir uns gegenseitig stützen!

Einen Moment ist es stürmisch, im nächsten still. Die Welle im Ozean ist tatsächlich dem menschlichen Dasein gleich.

So hoch scheint der Berg, er kratzt den großen Himmel, aber wenn Du nicht aufgibst und beginnst heraufzusteigen, dann gibt es einen Weg.

Wenn die Sonne zu sinken beginnt, trauere ich um den Tag, den ich mit Nichtstun verbracht habe.

Lange in dieser Welt zu leben, wenn das Ende des Lebens ohne Erlangen einer Fertigkeit erreicht ist.

Selbst wenn Du auf einem Gebiet ein Spezialist geworden bist, vergiss nicht, was Dir Deine Lehrer gegeben haben.

Obwohl wir in einer geschäftigen Welt leben, vergiss nicht, Dich um Deine eigenen Eltern zu kümmern.

Du sollst erst zu anderen sprechen, wenn Du selber nachgedacht hast.

Es ist einfach im Boot stromabwärts zu gleiten. Vergiss nicht, an das Ruder zu denken.

Beschwer' Dich nicht, nur weil du alt geworden bist. Es ist doch möglich, würdevoll mit dem Alter zu leben.

Selbst wenn Du ein Spiel findest, das Du magst, vernachlässige nicht das Wichtige im Leben.

4. Meditation & Reiki-Methoden des 2. Grades

(vgl. Lübeck u.a. 2005 a und 2005 b; Meder-Seidel, RM 3/2007, S.17 f.; Osho 2004 u.a.)

a) Chakren öffnen und schließen mit Reiki:

➢ Halte Deine Hand während einer Behandlung einige Minuten über dem blockierten Energiezentrum. Sei mit Deiner Aufmerksamkeit ganz dort.

➢ Bewege Deine Hand langsam und sanft entgegen dem Uhrzeigersinn über dem Chakra. Du kannst dabei eine sich öffnende Blüte visualisieren. Spüre der Veränderung nach.

➢ Behandle das Chakra, wie es sich für Dich richtig anfühlt: Wolkenhände, Symbole & Mantras, Reiki-Strahl, Heilsteine, Klangschalen, Gesang etc.

➢ Wichtig: Schließe das Chakra wieder mit sanften, immer kleiner werdenden Bewegungen im Uhrzeigersinn.

➢ Lass noch einen Moment Reiki fließen und lege die Hände auf.

\- _____

_____

_____

_____

_____

_____

_____

_____

_____

_____

b) Chakren-Ausgleich (Harmonisierung des Körpers):

Lege eine Hand auf das 1.Chakra, die andere auf das Siebte. Lass solange Reiki fließen, bis sich die Energie in beiden Händen gleich anfühlt. Gleiche dann das 2te Chakra mit dem 6ten und das 3te mit dem 5ten aus. Zum Schluss harmonisiere das Herz-Chakra. Lass hier soviel Energie fließen, wie es Dir Dein intuitives Gespür rät. Verstärke den Energiefluss dort, wo Du es für richtig hältst!

‐_____

_____

_____

_____

_____

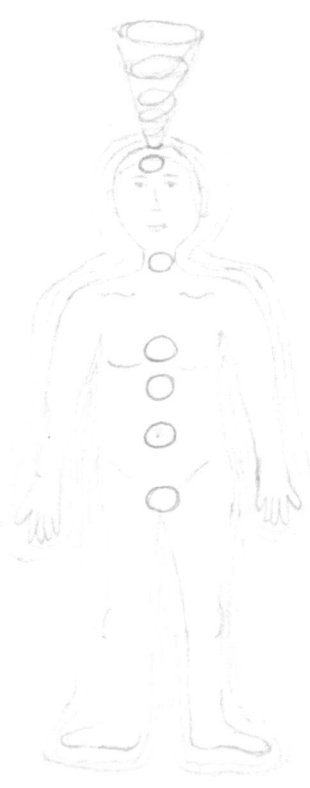

c) **Koki Ho** (Heilen mit den Atem):

Atme tief in Dein Hara ein und halte den Atem dort für einige Sekunden. Zeichne „Choku Rei" mit der Zunge an das Gaumendach. Atme aus und puste das Kraftverstärkungssymbol auf den zu behandelnden Körperteil. Mit dieser Technik kannst Du auch in der Fernheilung mit Fotografien arbeiten.

-_____

_____

_____

_____

_____

_____

d) **Gyoshi Ho** (Heilen mit den Augen):

Visiere den Körperteil, den Du behandeln möchtest. Schaue dabei aber nicht aktiv (starre nicht), sondern, wie in Trance. Deine Augen sind ganz entspannt und es ist fast so, als würdest Du durch die Person hindurchsehen. Du kannst auch Reiki-Symbole auf den Körperteil projizieren, den Du behandeln möchtest.

-_____

_____

_____

_____

_____

_____

e) Gegenstände mit Reiki aufladen:

Setze Dich entspannt hin und atme einige Male tief ein und aus. Umfasse den zu behandelnden Gegenstand und lasse einige Minuten Energie in ihn hineinfließen. Wenn Du in Kontakt mit Diesem kommen möchtest, zeichne das Fernheilungssymbol. Wenn Du es mit Energie anreichern willst, das Kraftverstärkungssymbol; und um es zu harmonisieren, das Mentalheilungssymbol. Mit dieser Technik kannst Du auch lieblos zubereitetes Essen energetisch aufladen, Badewasser eingießen, oder Pflanzen und Tiere behandeln. Spür nach, an was der Gegebenheit mangelt. Gehe in den Kontakt und lass dann aus vollem Herzen Reiki/Liebe fließen.

-_____

_____

_____

_____

_____

_____

f) Heilstein- bzw. Krsitallarbeit ab dem 2. Grad (nach Janina Köck)

Steine aktivieren/heilen schon allein durch ihre Schönheit unser Unterbewusstsein, Bergkristalle z.B. aber, nehmen auch Energie auf und geben sie wieder ab!

Arbeit mit Kristallen:

- **Reinigung & Aufladung:** Bitte an Reiki, dass der Stein gereinigt und aufgeladen werden soll, z.B. auch durch Sonnenlicht. Vorsicht: Farbige Steine bleichen aus!
- **Kraftverstärkung:** Mit dem Symbol & Mantra des Choku Rei
- **Verbindung:** Mit dem HSZSN kannst Du Dich mit dem Hüter des Steins/seiner Kraft/Energie verbinden. Dann kannst Du (So seltsam es jetzt vielleicht noch für Dich klingt!) mit dem Steinen kommunizieren, ihm lauschen, um Informationen zu bekommen – die Außenwelt wird Dir Spiegel sein!
- **Auflegen:** Steine zeigen Dir intuitiv, wo sie auf den Körper aufgelegt werden wollen/sollten!
- **Mandala oder Cluster legen:** z.B. um den eigenen Körper herum
- **Chakra energetisieren**: Lege Kristalle um ein Chakra herum, so dass die Spitzen jeweils zum Chakra weisen.
- **Kanalisieren:** Die Steine liegen am Wurzel- & Scheitelchakra: **Verwurzelung** (von oben nach unten); **Anbindung** an den Himmel/Kundalini-Energie (von unten nach oben); **Energetisierung** (in den Körper leiten: von oben & unten in den Körper hinein)

WICHTIG bei der Arbeit mit Kristallen:

Dosiere gut; probiere jede Übung selbst aus, bevor Du sie bei anderen anwendest; spüre in Dich hinein; mit Reiki kannst Du nichts falsch machen, mit Heilsteinen hingegen schon: Du kannst ein zu hohes Maß an Energie erzeugen oder zu viel Deiner Energie abgeben/ableiten!

-
_____

_____

_____

_____

_____

_____

Technik Narbenentstörung:

Zuerst nimm Dir die Zeit und kläre, woher die Narben kommen! Tauchen evtl. dabei schon Bilder auf, die mit Emotionen besetzt sind? Der zweite Schritt ist, den betreffenden Bereich mit Reiki vorzubehandeln und auf die Heilarbeit einzustimmen.

Nun nimm zwei Bergkristallspitzen und halte sie an jeweils ein Ende der Narbe. Wenn Du spürst, dass ihre Energie fließt, kannst Du den Prozess mit Reiki verstärken. Die Energie fließt nun wechselseitig von der einen zur anderen Seite.

Mit den Steinen arbeite längs über die Narbe heraus und streiche am Ende mit einer geraden Fläche über die Narbe. Anschließend lasse noch eine Weile Reiki fließen, spüre in den betreffenden Bereich hinein und erforsche Deine Emotionen. Zum Schluss reinige Deine Aura und die Kristalle im Salzwasser.

-
_____

_____

_____

_____

_____

g) Herstellung eines Medikaments:

Lege eine Hand an den Hinterkopf der zu behandelnden Person. Visualisiere die Symbole „Sei Heki" und „Choku Rei" und lasse sie durch beide Hände fließen. Halte in der anderen Hand ein Glas mit frischem Wasser. Bitte z. B. um Heilung, eine Botschaft oder um Kontakt! Nach 10 Minuten kann der zu Behandelnde das „homöopathische" Elixier schluckweise zu sich nehmen. (Variation: Person verwendet einen Heilstein, der das Wasser zudem energetisiert.)

-_____

_____

_____

_____

_____

h) Reiki-Ball/Kraftball:

Verbinde Dich mit Reiki und beginne mit der „Joshin Kokyuu-Ho" Atemmeditation. Deine Hände befinden sich in der Gassho - Haltung vor Deiner Brust. Stelle Dir vor Reiki fließt durch Deine Hände und bildet zwischen diesen, einen weiß strahlenden oder goldenen Energieball. Mit jeder Ausatmung wird der Ball stabiler und größer. Ist er groß und kräftig genug, experimentiere mit ihm: Drücke ihn zusammen, dehne ihn, halte ein Körperteil dazwischen oder tauche Deinen Kopf ganz tief in Deinen Reiki-Ball ein. Der Kraftball ist ein ausgezeichneter Blockadenlöser!

-_____

_____

_____

_____

_____

Variation: Licht ins eigene Potential atmen

Vielleicht hast Du Lust mit einer wunderbaren kleinen Meditation zu experimentieren, die Teil meiner Reiki-Austauschabend ist: Zuerst kommt die Katharsis – mach Dich locker – hüpfe z.B. auf der Stelle, lasse Dich ganz durchschütteln und klopfe dann Deine Muskeln aus. Jetzt renne kreuz und quer durch den Raum, bleibe abrupt stehen, atme wild und hörbar und werde wieder fünf Minuten lang verrückt. Zeit, Dich ganz und gar auszutoben … und, wenn der Moment kommt, da Du den Wunsch nach Stille in Dir spürst, kehre zurück auf Deinen Platz und setze Dich hin. – Jetzt gilt es tiefer zu atmen, vielleicht fühlt es sich richtig an, bei jeder Ausatmung das „a" zu tönen? Nur einige Minuten lang, auf dass Dein Geist ganz frei werden möge.

Zuletzt stell Dir vor, wie Du zwischen Deinen Händen eine Kugel aus Licht hältst – nähre sie mit einigen „Choku Rei". Dann stelle Dir vor, wie Du selbst in der Kugel stehst, lachst, liebst und wie Du Dein Potential lebst. Du willst gesund sein? Dann stell' Dir doch vor, wie Du leicht über eine Blumenwiese läufst oder kraftvoll einen Berg ersteigst. Du willst bedingungslos lieben? Dann sieh Dich in der Kugel aus Licht, wie Du achtsam und voller Hingabe Deine Freunde umarmst, Deine Eltern, Deine Nachbarn … und Deine Feinde!

Überlege also, was Du Dir wünschst, welchen Teil Deines Potentials Du in diesem jungen Jahr wecken und leben willst. Dieses Bild des erfüllten, gelebten Potentials sieh vor Deinem inneren Auge in der Kugel aus Licht. Mit jeder Ausatmung fließt Deine Aufmerksamkeit, Deine Energie … und Reiki in dieses kraftvolle Bild der schönsten Version Deines Selbst. – Experimentiere mit dieser Meditation täglich mindestens 12 Minuten an 21 aufeinander-folgenden Tagen. Was meinst Du, wie sie sich auswirken wird?

i) Mit dem heiligen Symbol verschmelzen:

Diese Übung aus dem Schamanischem Reiki (vgl. Roberts 2011, S. 173) hilft Dir eine tiefere Verbindung mit dem jeweiligen Reiki-Symbol einzugehen.

a. Sprich Dein Reiki-Gebet und verschmelze ganz mit Reiki!
b. Stelle Dir Deinen heiligen Platz vor, verwurzele Dich, sei ganz da.
c. Gehe mit Deinem Bewusstsein auf die Reise zur Quelle/zur Essenz von Reiki. Vielleicht ist es eine Energie- bzw. Lichtkugel im Weltall – stell Dir die Quelle vor, gleich wie Du magst.
d. Stelle Dir dann vor, wie darin das gewählte Symbol Deiner Praxis Gestalt annimmt.
e. Bitte darum, mit der Essenz von Reiki und Deinem Symbol verschmelzen zu dürfen und lass es dann zu! Wenn Du in vollkommener Harmonie mit dem Symbol bist, versuche seine subtilen Eigenschaften mit allen Sinnen zu erspüren. Stelle Fragen & lausche, oder sei das Symbol & bleibe mit ihm verschmolzen!
f. Bedanke Dich zum Schluss und komme zu Dir zurück!

\-—————————————————————————————

—————————————————————————————

—————————————————————————————

—————————————————————————————

—————————————————————————————

j) „Reiki-Landart" bzw. „Reiki & Kraftplatzarbeit"

Reiki generell, aber vor allem auch das „Anbringen" der Reiki-Symbole, eignet sich wunderbar, um kurz- oder langfristig energetisch an einem Ort zu wirken. Fühlst Du Dich an einem Ort sehr wohl oder spürst Du z.B., das dieser Platz dringend Reiki nötig hätte, dann kannst du zum Dank Reiki fließen lassen und den Symbolen physischen Ausdruck verleihen. Wie ich das meine?

Lege mit Stöckern das Wort „Reiki" auf den Waldboden, zeichne es mit Deinen Fußspuren in den Schnee oder forme das „Choku Rei" mit Steinen am Strand. Wenn Du einen Boden betonierst, kannst Du eines der Symbole in den frischen Zement malen oder es auf ein Stück Pergament kalligraphieren und im Büro aufhängen.

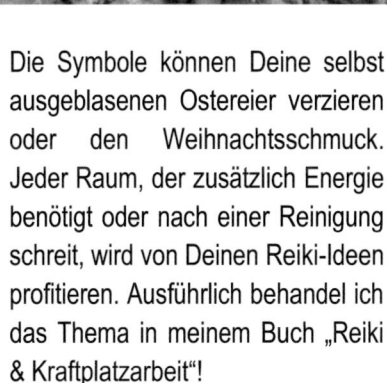

Die Symbole können Deine selbst ausgeblasenen Ostereier verzieren oder den Weihnachtsschmuck. Jeder Raum, der zusätzlich Energie benötigt oder nach einer Reinigung schreit, wird von Deinen Reiki-Ideen profitieren. Ausführlich behandel ich das Thema in meinem Buch „Reiki & Kraftplatzarbeit"!

k) Reisen in vergangene Leben:

Eine solche Meditation ist immer dann interessant, wenn eine Angst/die Blockade aus diesem Leben heraus nicht ergründbar wird und sich auch nach mehreren Reiki-Sitzungen keine Verbesserung einstellt!

WICHTIG: Eine Reise in eines Deiner vorangegangenen Leben zu unternehmen, ist kein Zeitvertreib, den Du unbedacht in Angriff nehmen solltest. In jedem Deiner Leben erlebtest Du wunderschöne Momente, warst aber auch mit all jenen, aufregenden Emotionen konfrontiert, die Du aus dieser Inkarnation kennst und vielleicht vermeiden möchtest; und nicht zu vergessen…, Du bist am Ende Deines letzten Lebens gestorben! Ob Du im hohen Alter, glücklich im Kreise Deiner Lieben gegangen bist, … oder gewaltsam, weit vor Deiner Zeit, … die Reise und die aufsteigenden Bilder, werden Dich einiges erleben, durchleben und erinnernd wieder aufflammen lassen. Wenn Du in ein vergangenes Leben reist, wirst Du Dich also unweigerlich mit den Themen „Leben", „Sterben", „Tod", … und freilich dem „Wiedergeborenwerden" beschäftigen müssen. Die Reise kann atemberaubend sein, oder schmerzvoll, … in jedem Fall aber (wenn es Dir gelingt, wirklich einzutauchen und Dich ganz der Meditation hinzugeben) erkenntnisreich.

Wenn Du also reist, bereite diese Meditation gut vor, stimme Dich gut darauf ein und nimm Dir Zeit. Dies ist kein Spiel für zwischendurch – dies ist eines der Mysterien von Okuden und „HonShaZeShoNen"!!!

Die folgenden Übungen sind lediglich Beispiele. Für Deine Phantasie kannst Du sie natürlich beliebig ausschmücken, abwandeln oder Dir eine ganz eigene Reise einfallen lassen. Und: Ob das, was Du in den folgenden Übungen erlebst, wahr ist oder nicht, ist für den Heilungsprozess nicht bedeutsam! (vgl. Roberts 2011, Kapitel 9)

1. Fluss der Zeit: Verbinde Dich mit Reiki, zeichne das Fernheilungssymbol und bitte um das Gelingen der Meditation.

Stelle Dir dann vor, dass Du am Fluss der Zeit stehst. Du findest ein verstecktes Boot, steigst ein und vertraust darauf, dass Dich Reiki flussaufwärts in deine Vergangenheit, ein früheres Leben zieht. Wenn das Boot anhält, steige aus und schaue Dich um. Was fällt dir auf, welche Art von Kleidung trägst Du und welche Menschen/Wesen begegnen Dir?

-_____

_____

_____

_____

_____

_____

_____

2. Das Weltentor: Verbinde Dich erneut mit Reiki, zeichne das Fernheilungssymbol und bitte um das Gelingen der Meditation.

Dann stell Dir vor, wie Du auf einem breiten Weg durch den Wald gehst. Mit jedem Schritt wirst Du ruhiger, kommst mehr bei Dir an. Du erreichst eine Abzweigung und gehst den schmaleren Pfad entlang. Dieser wird immer dünner und verläuft sich schließlich im Nichts. Du stehst mitten in dieser natürlichen, kraftvollen Wildnis und vor Dir steht, ein von Menschen längst vergessenes Tor aus ältester Zeit. Du kannst Dich in ihm spiegeln und spürst, es ist ein Tor, dass Dich in vergangene Leben reisen lässt, wenn Du hindurch schreitest. Tue es ganz bewusst und achte auf alles, was Dir begegnet!

_____

_____

_____

_____

_____

_____

3. Der Raum der Zeit: Verbinde Dich noch einmal mit Reiki, zeichne das Fernheilungssymbol und bitte um das Gelingen der Meditation.

Stell Dir vor, du spazierst einen Waldweg entlang. Genieße ihn mit allen Sinnen. Tief im Wald führt Dich Dein Weg direkt auf ein altes Haus zu. Wie sieht es aus. Vor Dir liegt eine kleine Treppe. Gehe mit jeder Ausatmung eine der zehn Stufen zu einer Holztür hinunter, sieh Dir die Tür genau an, bitte um Erlaubnis eintreten zu dürfen und wisse, dass einzig Du selbst hinter der Tür auf Dich wartet. In dem Raum, den Du betrittst, stehen überall Regale an den Wänden, darauf siehst Du verschiedene Dinge. Lass Dich von deiner Intuition führen und entscheide Dich für einen Gegenstand der mit Deiner jetzigen Bitte nach Bewusstwerdung und Heilung zu tun hat. Berühre ihn und wisse, er wird Dich in eines Deiner vergangenen Leben katapultieren.

_____

_____

_____

_____

_____

_____

Exkurs: Dynamische Meditationen

„Du kannst erst dann passiv werden [und in Meditation sein], nachdem alles, was wie alter Schrott in Dir sitzt, hinausgeworfen ist. Wut ist hinausgeworfen, Gier ist hinausgeworfen – eine Schicht nach der anderen. Diese Dinge sind nun einmal da. Hast Du sie jedoch hinausgeworfen [...] hindert Dich nichts mehr daran. Plötzlich erstrahlst in Dir das helle Licht des Buddha und Du bist in eine völlig andere Welt versetzt!" (Osho 2002, S. 76)

I) **Nadabrahma** (Osho): Diese Meditation dauert etwa eine Stunde.

a. Wenn Du magst, laufe vor der eigentlichen Meditation 30 Minuten durch den Wald! Sei wild, verspielt und tobe Dich aus. Und dann ...

b. 1.: Sitze 30 Minuten in entspannter Haltung und beginne zu summen. Lass die Vibration über den ganzen Körper ausstrahlen. Summe nach Gefühl.

c. 2.: Diese Phase unterteilt sich in zwei Abschnitte. Bewege in den ersten 7,5 Minuten die Hände mit den Handflächen nach oben, in einer vom Körper weggehenden, kreisförmigen Bewegung. Vom Hara aus gehen beide Hände nach vorne. Bewege Dich so langsam, dass es Dir zeitweise so vorkommt, als würdest Du Dich nicht rühren. Spüre, wie Du Energie ans Universum abgibst.

d. 3.: Drehe die Handflächen um und bewege die Arme in der entgegengesetzten Richtung und nehme in den nächsten 7,5 Minuten Energie vom Universum in Dein Hara auf.

e. 4.: Sitze 15 Minuten absolut entspannt und still!

- _____

_____

_____

_____

_____

5. Dein eigenes Symbol

Die Reiki-Symbole Usui Senseis entstammen dem Japanischen, einen für uns meist fremdem Kulturkreis und einer anderen Zeit. Sie sind seit jeher, sehr wirkungsvolle, mit ihrer speziellen Energie angereicherte Werkzeuge, die uns zur Verfügung stehen, wenn wir sie benötigen. Und sie erschließen sich uns, wenn wir es vermögen, eine Beziehung zu ihnen aufzubauen und offen genug sind, in ihre Erfahrungsbreite einzutauchen.

Worauf ich hinaus möchte ist, dass sie für uns dennoch (trotz der Meditation des Verschmelzens, siehe oben) manchmal verschlossen und fremd bleiben! In diesem Fall, oder einfach bloß, um unsere Reiki-Werkzeugkiste zu bereichern, stehen uns folgende Meditationen zur Verfügung, die uns einladen unsere eigenen Symbole zu entdecken (vgl. Dieckamm 2008, S. 100 f.):

„Als Jesus in der Wüste Sinai meditierte, wurden ihm Symbole offenbar. Sie zeigte ihm die Bedeutung seines bisherigen und die Bestimmung seines zukünftigen Lebens. Die Bedeutung der Zeit, die hinter ihm lag, die Bestimmung der Zeit, die vor ihm lag.

Als Usui Sensei auf dem Berg Kurama meditierte, wurden ihm Symbole offenbar. Sie zeigte ihm die Bedeutung seines bisherigen und die Bestimmung seines künftigen Lebens. Die Bedeutung der Zeit, die hinter ihm lag, die Bestimmung der Zeit, die vor ihm lag.

Und nun, während Du hier in diesem Augenblick meditierst, werden auch Dir die Symbole offenbar. Sie zeigen Dir die Bedeutung deines bisherigen und die Bestimmung Deines künftigen Lebens. Die Bedeutung der Zeit, die hinter Dir liegt, die Bestimmung der Zeit, die vor Dir liegt."

- _____
_____
_____
_____
_____

Stelle Dir Deinen Kraftort vor - vielleicht auf einem Hügel, inmitten eines lichten Waldes! Vor Dir siehst Du einen majestätischen Baum, Du trittst näher und bittest ihn um Erlaubnis, in seiner Anwesenheit und seinem Schutz meditieren zu dürfen. Dann, am Fuße dieses uralten Baumes setzt Du Dich nieder, wenn Du magst lehne Deinen Rücken vertrauensvoll an ihn. Er stärkt Dich und lässt Dich achtsam die Welt um Dich herum erblicken. Bitte ihn und wenn Du magst alle Naturgeister dieses Ortes um Hilfe, Dein Symbol der Kraft (als individueller Ersatz für das „Choku Rei"; bzw. des Schutzes („Sei Heki") oder der Verbundenheit („Hon Sha Ze Sho nen")) zu erkennen! Sei und bleibe achtsamer Beobachter von allen Gegebenheiten um Dich herum, Deinen Gefühlen, Deinen Gedanken. Am Ende, bedanke Dich bei den Naturgeistern, bei Reiki und dem weisen alten Baum, verabschiede Dich und komme in den Raum zurück!

-_____

_____

_____

_____

_____

_____

Anwendungsbeispiel des eigenen Symbols

Das eigene Symbol lässt sich mit nahezu jeder Reiki-Übung kombinieren. Überlege Dir vor der Praxisphase, welcher Art dein Symbol sein soll, vielleicht ein Schutzsymbol, oder eines für Ausgleich und Entspannung, zur Kräftigung oder Heilung. Bitte dann darum, mit Reiki verbunden zu sein, und darum, dass Deine Meditation oder Reise gelingt. Als Beispiel möchte ich die Kombination der Reise zum eigenen Symbol mit dem Erschaffen von Heilwasser vorstellen:

Übung: HEILWASSER HERSTELLEN in 3 Schritten

1. Reise zum eigenen Symbol der Heilung und Kraft:

➤ Zuerst atme einige Male tief ein und aus und komme im Hier-&-Jetzt an.

➤ Dann erde Dich (Visualisierung von Wurzeln; Arbeit mit dem CR) und schütze Deine Aura (z.B. „Joshin Kokyuu Ho" – Lichtatmung; oder Visualisierung von Blauem Licht um den Körper herum), bevor Du Deine Reise antrittst. (Vielleicht willst Du Dir vorstellen, dass sich mit jeder Ausatmung die Aura um Dich herum verdichtet und vergrößert – meist 10 Atemzüge lang – bevor Du mit der Übung fortfährst?)

➤ Jetzt tritt im Geiste aus Deinem Körper heraus – schaue Dich selbst einmal liebevoll an (evtl. segne ich meinen Körper) und lasse Dich dann treiben. Irgendwann begegnet Dir eine Schwelle, hinter der Dein Symbol auf Dich wartet. Suche nicht, sondern lasse Dich von Deinem Symbol finden. Ein Symbol, das Ausdruck von Kraft und Heilung, von Liebe und Verbundenheit ist. Übertritt achtsam die Schwelle und bitte aus ganzem Herzen darum, dass sich das Symbol (dessen Kraft) vor Dir materialisiert. Die Wirkung intensiviert sich, wenn Deine Haltung offen ist, demütig und hingebungsvoll; fast so, als würdest Du einen Heiligen (oder den wichtigsten Menschen in Deinem Leben) erwarten. Verschmelze dann mit Deinem Symbol, lasse Dich ganz von ihm durchdringen. Zum Ende, verabschiede Dich, um wieder zu Deinem Körper zurückzureisen. Übertritt die Schwelle wieder und stelle Dich hinter Deinen Körper.

➤ Schaue liebevoll und mitfühlend auf ihn herab. Dann zeichne ganz langsam und achtsam Dein Symbol (oder irgendein anderes Reiki-Symbol) auf Dein Herzchakra, lege Dir anschließend selbst die Hände auf. (Wenn es Dir schwerfällt, Dir das vorzustellen, zeichne das Fernheilungssymbol und behandle hiermit im Geist die entsprechende Rückenposition!)

> Jetzt tauche wieder in Deinem Körper ein, verschmelze ganz mit ihm und spüre der Veränderung nach. Atme, aber atme nicht wie gewöhnlich! Atme den Zauber eines neuen Mantels/eines goldenen Kleids ein. Dieser neue Mantel ist Dein Körper, der Tempel meiner Seele. Atme ihn und spüre seine Weite, seine Kraft. Gibt es noch Begrenzungen Deines physischen Körpers? Nimmst Du Deine feinstofflichen Körper wahr?

> Zum Abschluss fokussiere Dein Herzchakra, öffne es ganz: Du kannst Dir vorstellen, Du wärst eine Blume, die sich den ersten Sonnenstrahlen des Tages hingibt, um sich ganz an ihr zu laben, um ihr Licht einzuatmen, um dann selbst in die Welt hinaus zu leuchten.

2. Erstellen des Heilungsauftrages:

> Verbinde Dich mit Reiki und lasse Dein Symbol vor dem inneren Auge aufleuchten.

> Mit der Bitte um Heilung und der reinen Absicht (Bewusstsein reiner Kanal zu sein), schreibe Dein Symbol (oder ein anderes Reiki-Symbol) auf das Blatt. Und wenn ich sage, „schreibe", dann meine ich den ganzen damit verbundenen Zauber. Schreibe das Symbol aufs Blatt, als würdest Du Deinem Meister/oder Deiner großen Liebe die wertvollen Worte und Bilder zum Geschenk machen wollen. Lade das Symbol ein, durch Deinen Ausdruck, seine Kraft in das Stück Papier zu legen. Dann schreibe den Heilungswunsch auf die nächste Seite (z.B. Ausgleich eines Störgefühls, Heilung der rechten Schulter, Wunsch im Hier-&-Jetzt zu sein) und nimm das Blatt in beide Hände (Gassho).

> Lass' Reiki in das Blatt hineinfließen und segne es erneut mit den benutzten Symbolen. (WICHTIG: Die Symbole sind nicht Hüter ihrer Kräfte, sondern nur materieller Ausdruck dieser. Lade also die Kräfte die hinter den Symbolen stecken ein, Dein Vorhaben zu unterstützen – ein jedes Mal, mit ganzer Herzenskraft und voller Achtsamkeit!)

3. Aufladen des Wassers:

➤ Nimm den mit Reiki aufgeladenen Zettel nun in Deine linke Hand, in Deine rechte das Glas Wasser. Einatmend wandert die Information des Zettels bis zu Deinem Herzen, ausatmend fließt sie in das Wasser. Nutze diese Atmung für bis zu vier Minuten (solange, bis das Wasser Deines Erachtens mit der Information gesättigt ist).

➤ Atme die letzte Minute mit der Vorstellung ein, Dein ganzes System wäre vollkommen heil. Alle Lebensfreude, alle in Dir wohnende Liebe atme in das Wasser aus.

➤ Zu guter Letzt, lege den Zettel beiseite. Nimm das Glas in beide Hände (Ausgleich von links und rechts, der Polaritäten von Yin und Yang), bedanke Dich (halte das Glas hierfür kurz gen Himmel – das entspricht einer Segnung) und trinke dann das Lebenswasser schluckweise. Dabei achte auf evtl. aufkommende Bilder oder Gefühlsregungen – sie haben oft etwas mit dem körperlichen Symptom/der zu heilenden Herausforderung gemein.

‑_____
_____
_____
_____
_____
_____
_____

Natürlich genügt es auch vollkommen, wenn Du das Glas Wasser in Deine Hand nimmst, das „Choku Rei" hineinfließen lässt und das kostbare Nass achtsam trinkst! Mach' also keinen Zauber daraus, aber lass Dich berühren und verzaubern!

Variationen:

> Vollziehe das Ritual 3 mal täglich, mindestens 21 mal (Heilungsphase; Konditionierung im Geist), im besten Fall 21 Tage lang. Dabei kannst Du ein Schmerztagebuch führen, um das isolierte Symptom und deren Veränderungen zu beobachten/zu dokumentieren!

> Stelle einen Krug mit Wasser den ganzen Tag auf das Blatt Papier (Wasser wird nahezu homöopathisch aufgeladen; dem Krug kannst Du immer wieder Wasser nachgeben – die Information bleibt gespeichert und potenziert sich mit jeder Anwendung)

> Nimm das Wasserglas in die linke Hand und berühre mit der Rechten (wenn es die Dominate ist) die betreffende, zu heilende Stelle Deines Körpers.

> Verbinde Dich mit dem Fernheilungssymbol mit Deinem „Hohen Selbst" und bitte es, Dir die Ursache der Blockierung/des Symptoms aufzuzeigen: „Möge ich erkennen, was der Grund für die Einschränkung meines Potentials ist! Und, möge ich die Kraft haben, mein Leben neu zu gestalten! Gassho!"

-_____

_____

_____

_____

_____

_____

_____

_____

_____

Exkurs: Schutz vor Verhexung

Verhexung, schwarze Magie, Voodoo, böse Gedanken! „Oh Gott, muss ich mich vor äußeren Mächten schützen?", denkst Du vielleicht und ich antworte mit einem klaren „Jein!"

Oftmals müssen wir uns eher vor unserem eigenen Denken und unserem Ego schützen. Sicher hast Du schon erfahren, dass Deine Gedanken einiges bewirken können, mal von den Worten abgesehen, die sich aus den Gedanken bilden und oft ungezügelt auf die Welt losgelassen werden. Jeder Deiner Gedanken hat Kraft. Mit der Einweihung in Reiki II umso mehr. Wenn Du früher dachtest: „Das ist unmöglich!", „Ich werde sicher krank!", „Mein Herz kann nicht wieder heilen!", „Das vergebe ich dir nie!", war das schlimm genug. Heute aber, mit der gebündelten Kraft der Symbole, die ab der Einstimmung zu Okuden in jeder Deiner Poren wohnen, sind solche Gedanken fast bindende Versprechen an Deine Seele, woran sie sich unter Umständen strikt halten wird.

Achte auf Deine Gedanken – vor allen Dingen auch auf Deine Wünsche – sie werden zu Taten, die zum Karma und damit Dein Schicksal werden.

Sicher wird Dir spätestens jetzt klar, dass, wenn Deine Gedanken bildende Kräfte sind, dass das auch bei anderen Menschen der Fall ist. Auch deren Gedanken wirken, gegen ihn selbst und womöglich auch gegen Dich. Ist Dir ein Mensch nicht wohl gesonnen, zieht das an seiner und an Deiner Kraft. Voodoo – davon bin ich mittlerweile überzeugt – funktioniert in einem gewissen Rahmen tatsächlich, weshalb wir uns schützen sollten. Angst haben, sollten wir aber in gar keinem Fall. Angst ist ein schlechter Ratgeber und wird genau das anziehen, wovor wir uns zu schützen suchen. Zudem regt ja jede Erfahrung (vor allem die ganz Anspruchsvollen) innere Wachstumsprozesse an. Meines Erachtens, schütze ich mich am besten, wenn ich täglich Reiki praktiziere, achtsam meine Gedanken und Gefühle studiere und frisch verliebt bleibe, … in die kleinen Wunder des Alltags!

6. Abschließende Gedanken oder „Das größte Wunder"

(Über die Versuchung der geistigen Kräfte, Osho 2005, S.44 f.)

Ein Wunder zu vollbringen ist etwas Großes, aber nicht groß genug. Ein Wunder zu vollbringen heißt, sich immer noch in der Welt des Egos aufzuhalten. Wahre Größe ist so gewöhnlich, dass sie nichts aufzuweisen hat. Sie ist so gewöhnlich, dass sie niemals, versucht, etwas zu beweisen.

Ein Mann kam zu Lin Chi und sagte:»Mein Meister besitzt große übersinnliche Kräfte. Was hast du über deinen Meister zu sagen? Was kann dein Meister tun? Welche Wunder vollbringt er?"
Lin Chi fragte: „Was für Wunder vollbringt denn dein Meister?" Der Schüler antwortete: „Einmal sagte er zu mir, ich solle ans andere Ufer Flusses gehen und ich stand da mit einem Blatt Papier, in der Hand. Der Fluss war sehr breit, fast eine Meile breit. Er stand am anderen Ufer und begann, von dort mit einem Federhalter zu schreiben. Und das Geschriebene erschien auf meinem Papier. Das habe ich mit eigenen Augen gesehen. Ich kann es bezeugen! Was kann denn dein Meister?" Lin Chi sagte: „Wenn er Hunger hat, isst er, und wenn er müde ist, geht er schlafen." Der Mann sagte: „Was redest du da? Das nennst du ein Wunder? Das tut doch jeder!" „Keiner tut es.", sagte Lin Chi ,»Wenn du schläfst, tust du außerdem Tausende von anderen Dingen. Wenn du isst, denkst du noch tausend andere Sachen. Wenn mein Meister schläft, dann schläft er einfach, er wälzt sich nicht im Bett herum, nicht einmal im Traum. Nur der Schlaf ist in dem Moment da, nichts anderes. Und wenn er Hunger hat, isst er. Er ist immer genau da, wo er gerade ist." Was macht es für einen Sinn, von einem Flussufer zum anderen zu schreiben? Es ist einfach nur dumm. Nur Dummköpfe interessieren sich für so etwas. Wozu soll es gut sein? - Auch zu Ramakrishna hat jemand einmal gesagt: „Mein Meister ist ein großartiger Mann. Er kann auf dem Wasser gehen." Ramakrishna antwortete: „So ein Unsinn! Ich kann doch einfach zum Fährmann gehen und für zwei Rupien bringt er mich zur anderen Seite. Dein Meister ist ein Dummkopf. Geh hin und sag' ihm, er soll sein Leben nicht vergeuden. Das kann man doch auch ganz einfach machen."

!? REIKI – ein WUNDER !?

Wunder sind ganz normale Bestandteile unseres Lebens. Wenn ich eine Reiki-Behandlung gebe, schaffe ich für den Menschen, der mir sein Vertrauen schenkt, ein Umfeld, dass es ihm ermöglicht, Zugang zu seiner Ganzheit und Einzigartigkeit zu erlangen, genau so, wie es seinem höchsten Wohl entspricht. Durch die Atmosphäre der bedingungslosen Liebe, hat jeder Einzelne die Kraft sich selbst zu heilen. – Ein weiteres Wunder ist für mich, dass Menschen, die sich eigentlich fremd und nur im Geiste von Reiki verbunden sind, nach nur einer einzigen gemeinsamen Meditation, ein tiefes Vertrautsein spüren!

!!! „Reiki – wie wunderbar" !!!

„Direkt vor unseren Augen liegt das größte Wunder! Lausche der Stille: Von welchem Mysterium, will Dir Dein Atem singen?" (Don Alexander, Reiki Convention)

Bilder versch. Reiki-Wochenenden im Harz

7. Literaturverzeichnis

Brennan, Barbara Ann: Licht-Arbeit. München 1989

Dahlke, Rüdiger:　　Krankheit als Weg. Deutung und Bedeutung der Krankheitsbilder. Goldmann Verlag 1990

Dieckmann, Peter Michael: Ich bin berührt – Reiki oder die Schule des Lebens. Arkana Verlag, München 2008

Emoto, Masaru:　　Wasserkristalle. Koha Verlag 2008, 2.Aufl.

Hayashi, Chujiro; Petter, Frank A.: Die Reiki-Techniken des Dr. Hayashi. Windpferd-Verlag 2003

Honervogt, Tanmaya: Reiki – Gesundheit und Harmonie durch die Heilkraft der Hände. 2002

Hosak, Mark; Lübeck, Walter: Das große Buch der Reiki-Symbole. Windpferd Verlag, 2006, 2. Aufl.

Kiehne, Carsten:　　Reiki – Erster Grad „Shoden". BoD – Norderstedt 2018, 6. Auflage

Kiehne, Carsten:　　Reiki & Kraftplatzarbeit. BoD – Norderstedt 2018

Klatt, Oliver:　　Die Reiki-Systeme der Welt. Windpferd Verlag 2005

Lübeck, Walter:　　Das Aura Heilbuch. Windpferd Verlag 2005 c, 10. Aufl.

Lübeck, Walter; Petter, Arjava: Das Reiki – Kompendium. Windpferd-Verlag 2005 a, 4.Aufl.

Lübeck, Walter, Petter, Frank Arjava: Reiki – die schönsten Techniken. Windpferd-Verlag 2005 b, 3.Aufl.

McFadyen, Mary:　　Die Heilkraft des Reiki. Rowohlt Taschenbuch Verlag 2004, 3.Aufl.

Meder-Seidel, Uwe: Reiki & Chakra-Energieheilung. Reiki Magazin 3/2007

Osho:　　　　Das Orangene Buch. Meditationen für das 21. Jahrhundert. Innenwelt Verlag 2004, 11. Aufl.

Osho:　　　　Eine Wahrheit viele Wege. Einsichten und Parabeln für ein gutes Leben. Goldmann Verlag, München 2005

Osho:　　　　Meditationsführer. Arkana, München 2002, 2. Aufl.

Roberts, Lynn; Levy, Robert: Schamanisches Reiki – Praxisbuch. Heyne Verlag, München 2011

Stevens, John O.: Die Kunst der Wahrnehmung. Übungen der Gestalttherapie. Kaiser/ Gütersloher Verlagshaus, Gütersloh 1993, 13.Aufl.

Trempler, Dierk: Heilpraxis in der Sozialen Arbeit 2. Universität Lüneburg 2008

Usui, Mikao; Petter, Frank A.: Original Reiki-Handbuch des Dr. Mikao Usui. Windpferd-Verlag 2007, 8. Aufl.

Warnecke, Eckart: Reiki – Der zweite Grad. Erd Verlag. München 2004, 11. Auflage

Carsten Kiehne
Reiki & Kraftplatzarbeit
Workshopmappe

Carsten Kiehne
Die bekanntesten Sagen aus dem Ostharz
& ihre geheime Bedeutung

„Reiki im Harz" & „Sagenhafter Harz"

Wenn Dir die Idee gefallen hat, wie ich mit Reiki arbeite und lebe, dann schaue gerne mal auf meiner Internetseite vorbei: **www.reiki-im-harz.de**!
Hier sind alle aktuellen Ausbildungsangebote, Workshops & Reiki-Austauschtreffen aufgeführt. Mindestens einmal im Jahr treffen wir uns zu einem Reiki-Wochenende, an dem wir gemeinsam praktizieren, von unseren Erfahrungen des vergangenen Jahres sprechen, lachen und Reiki feiern.

Vielleicht hast Du auch Lust im Harz Urlaub zu machen? Dann besuche mich gerne in der Wander- & Pilgerherberge im Grünen im sagenhaften Ostharz (siehe Foto unten) - **www.wanderherberge-imgruenen.de** – hier gibt es die Wandertipps zu den sagenhaften Kraftorten der Umgebung inklusive.

Bis ganz bald also, Dein Carsten Kiehne